歴史文化ライブラリー

531

慶長遣欧使節

伊達政宗が夢見た国際外交

佐々木 徹

吉川弘文館

目　次

慶長遣欧使節四〇〇年——プロローグ

1　慶長遣欧使節四〇〇年

世界をみた仙台藩の侍

今からおよそ四〇〇年前、ヨーロッパ世界に目を向けた侍と、その世界を実際にみてきた侍たちが仙台藩にいた。それが初代藩主伊達政宗（一五六七～一六三六）と、その家臣の支倉六右衛門（長経または常長とも、一五七〇～一六二二）ら慶長遣欧使節一行である。

一行は、政宗によって正使に任命されたフランシスコ会士のルイス・ソテロ（一五七四～一六二四）、同じく副使に任命された支倉六右衛門らを代表者とし、慶長十八年九月十五日（一六一三年十月二十八日）に仙台藩領（月浦）を出発した。太平洋・大西洋という二つの大洋を越え、スペイン領メキシコ（ヌエバ・エスパーニャ）経由でスペイン国王やローマ教皇と外交交渉を進めるためにヨーロッパへと派遣されたのである。使節らの旅は

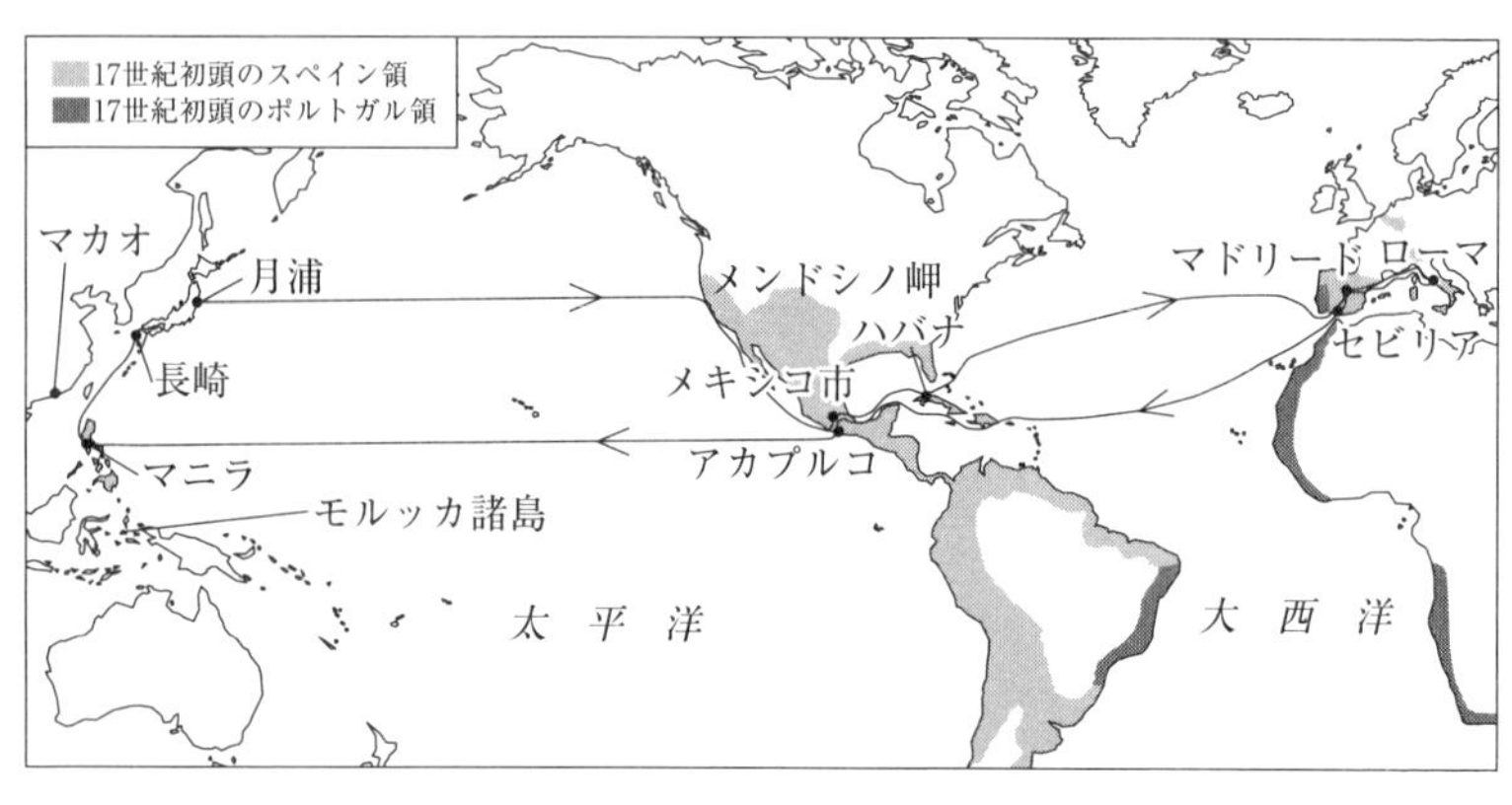

図１　慶長遣欧使節行程図（仙台市博物館編2010などをもとに作成）

約七年間続けられ、支倉らは元和六年八月下旬（一六二〇年九月下旬）に仙台へと帰着した。

大航海時代の波

伊達政宗を使節派遣へと駆り立てた社会的・文化的背景には、当時の日本人が高い関心を寄せ、憧れた南蛮文化の世界があった。

一五世紀前半に始まり、西欧諸国が覇権を競い合った大航海時代。西洋の人々はいくつもの海洋を越えて世界各地へと行き交い、一六世紀におけるグローバル化（世界の一体化）を進行させた。そして、その波は日本へも押し寄せることになった。天文十二年（一五四三）、種子島に来航したポルトガル人の手によって鉄砲が伝来し、天文十八年には鹿児島にスペイン人のイエズス会士フランシスコ・ザヴィエルが上陸してキリスト教を伝えた。ザヴィエルは一五三四年、イグナティウス・ロヨラらとともにイエズス会を創始した人物として知られる。彼は日本におけるキリスト教の布教に先鞭をつけ、九州・中国地方を中心にその教えを広めた。

これ以降、南蛮人と呼ばれたポルトガル人・スペイン人らが、ポルトガル船や中国船でたびたび来航した。アジア海域における既存の港市（こうし）ネットワークを下地とした南蛮貿易を通じて、また来日した伴天連（バテレン）（司祭・神父）らを通じて、日本に新たな宗教観・世界観・風俗・技術・芸術、それらに基づく種々の道具・器物などがもたらされた。それらが九州・中国地方をはじめ、京都や畿内などの西日本を中心に広がっていったのである。戦国時代から江戸時代初期を生きた武将たちは、このような南蛮文化の世界に高い関心を示し、積極的に取り入れていった。彼らはアジアやヨーロッパといった異国の文物にふれ、西洋の日用品や武器・武具類、南蛮風の意匠を取り入れた美術工芸品などを入手し、なかには洗礼を受けたキリシタン大名も現れた。

一五八〇年代半ば以降には、ポルトガルの保護下にあったイエズス会士のほかに、スペインの保護下にあったアウグスチノ会・ドミニコ会・フランシスコ会の托鉢（たくはつ）修道士らも来日し、九州にはスペイン船が来航した。関白となった豊臣秀吉がいわゆる天下統一事業を推し進め、のちに太閤（たいこう）として日本を治めるにいたった豊臣政権の時代である。しかし、来航する神父や日本のキリスト教界の多様化は、天正十五年（一五八七）に秀吉が発した伴天連追放令とも相まって、互いの関係に複雑な様相をもたらした。イエズス会とフランシスコ会などが、日本布教などの面で対立するといった事態を生じさせることにもなったのである。

慶長五年（一六〇〇）の関ヶ原合戦以後、江戸に拠点を置く徳川家康が権力基盤を固め、慶長八年には征夷大将軍に任じられて徳川政権（江戸幕府）の時代が到来する。この時期には各修道会の活動が進展し、オランダ船やイギリス船もたびたび来航するなど、アジア・ヨーロッパ世界との交流がさらに華々しくなり多様化する一方、徳川政権によるキリスト教の禁教方針とも絡んで、相互の協調・対立関係は一層複雑になっていくのであった。

こうした時代の真っ只中を生きた伊達政宗は、果たして大洋の向こうにどのようなまなざしを向け、何を夢見ていたのであろうか。

続く記念イヤー

平成二十五年（二〇一三）は、使節一行の出帆から四〇〇年という節目の年であった。同年六月には、国宝「慶長遣欧使節関係資料」（仙台市博物館所蔵）のうち「ローマ市公民権証書」「支倉常長像」「ローマ教皇パウロ五世像」の三点とスペインの関係文書九四点が、ユネスコ記憶遺産（「世界の記憶」、英語名Memory of the World）に登録された。ユネスコ記憶遺産とは記録史料の世界遺産のことであり、つまりこの年はこれら史料群が世界遺産として認められた記念イヤーともなったのである。

その翌年は使節一行がメキシコ・スペインを訪問して四〇〇年、さらに翌年の平成二十七年はイタリアを訪問して四〇〇年と記念イヤーは続き、その間、国・県・市町といった様々なレベルで交流事業や記念展示が行われ、慶長遣欧使節という存在を再認識し得る機会が以前に比べて増えていったように思われる。そして昨年の令和二年（二〇二〇）は、支倉らの帰国から四〇〇年を迎える年となり、彼の生誕四五〇年にもあたる記念イヤーであった。

筆者は、日欧交渉史やキリシタン史の専門家ではないが、平成十七年から仙台市博物館で『仙台市史　特別編・慶長遣欧使節』『仙台市史　資料編・伊達政宗文書』の編集実務などを担当してきた。また平成二十二年からは、同館学芸員として伊達政宗や慶長遣欧使節の関係史料などを担当し、当該史料の日常的な管理や常設展示はもとより、慶長遣欧使節出帆四〇〇年記念特別展「伊達政宗の夢―慶長遣欧使節と南蛮文化―」（二〇一三年）、特別展「伊達政宗―生誕四五〇年記念―」（二〇一七年）の開催に主担当として携わった。その間には、使節のスペイン訪問四〇〇年を記念して結成された仙台市民訪問団のスペイン渡航に同行する機会を得、イタリア訪問四〇〇年を記念した小特集展示も行った。そして昨年夏には、新型コロナウィルス感染拡大防止のため規模を縮小して実施した支倉帰国四〇〇年記念特集展示に副担当として関わった。

そこで本書では、こうした記念イヤーに身を置いた担当学芸員としての経験を踏まえながら、使節派遣にいたる経緯・派遣の目的・使節の旅路・帰国後の動向などについて紹介し、そのうえで伊達政宗が目指した国際外交とは何かという視点から従来の慶長遣欧使節像を再考したいと考えている。

慶長遣欧使節は、幕藩体制初期の外交という文脈のなかで高校の歴史教科書などにも掲載されることはあるものの、政宗や使節らが何を考え、どういった活動をし、どのような足跡を残した人々なのかについて知る機会は決して多くない。前述のように記念イヤーが続いてマスコミなどに取り上げられ話題となる機会が増えたとしても、宮城県内ならいざ知らず、県外に一歩足を踏み出すと、その存在すら知らない方がまだまだ多い。これは前述の特別展の折に特に痛感させられ、今にいたるまで、しばしばそうした場面に出くわすことがある。「慶長遣欧使節四〇〇年」の記念イヤーが続いたこの機会に、政宗と使節にまつわる事跡を多くの方々に知っていただけるならば幸いである。

国内外に散らばる史料

日本側とスペイン側の関係史料が同時にユネスコ記憶遺産となったことに象徴されるように、慶長遣欧使節の足跡を示す史料は世界の関係各国に散らばっている。およそ四〇〇件以上にものぼる使節関係史料のうち、その大部分はスペイン・イタリア・ヴァチカン市国・フランス・イギリス・オランダ・メキシコなどの文書館・図書館に所蔵される文書・記録類である。主な所蔵館としては、スペインのシマンカス総合文書館やインディアス総合文書館をはじめ、ヴァチカン秘密文書館やヴァチカン・アポストリカ図書館、ローマ・イエズス会文書館、ヴェネツィア国立文書館、メキシコ国立公文書館などが知られる。こうした状況からだけでも、使節の足跡の世界史的な広がりが感じ取れるであろう。

『伊達政宗遣欧使節記』（『伊達政宗遣使録』とも、以下『使節記』と略記）といった書物もある。これは、ローマ出身の司祭・学者であったシピオーネ・アマーティ博士の編著として知られ、使節の足跡が詳細に記される。一六一五年にイタリア語版が刊行され、本文は全三一章からなる。特にアカプルコ（メキシコ）入港までの動向を記す前半部分（第一章～第一五章）は、ソテロの原稿（ヴァチカン・アポストリカ図書館所蔵）とほとんど内容的に一致するとされ、ソテロの目からみた、あるいは彼の理解に沿った記述内容であることが知られている。アマーティは、使節のマドリード（スペイン）出立時から一行へ加わっており、その間の記述についても多くがソテロら使節一行からの聞き取りや何らかの記録に依拠していたと考えられている（以上、平田二〇一〇、小川仁二〇一九など）。

そのほかにも、慶長十六年（一六一一）に来日したスペイン人探検家セバスティアン・

ビスカイノが日本滞在中に見聞したことを一六一四年までにスペイン語でまとめた『金銀島探検報告』、メキシコ先住民の貴族の家に生まれフランシスコ会修道士でもあったチマルパインが現地語のナワトル語を用いて一五七七年から一六一五年までの出来事をまとめた『チマルパインの日記』、ローマ教皇庁の式部官パオロ・アラレオーネがラテン語で記した『教皇庁儀典日記』などがある。

日本国内にある関係史料では、まず『慶長十八年元和二年 南蛮へ之御案文(ごあんもん)』(個人蔵、以下『南蛮へ之御案文』と略記)があげられる。使節らが海外へと持参した政宗親書類の案文一〇通分がまとめられた書物であり、政宗の使節派遣の意図を探るうえで重要な位置を占める。使節出立直前にあたる慶長十八年九月四日付け親書案などが八通(宛所はスペイン国王・ローマ教皇・ローマのフランシスコ会総会長・スペインのフランシスコ会インディアス宗務総長・メキシコのヌエバ・エスパーニャ副王など)、使節の帰国途上にあたる元和二年(一六一六)七月二十四日付け親書案が二通ある(宛所はヌエバ・エスパーニャ副王とフランシスコ会ヌエバ・エスパーニャ宗務総長)。仙台藩によるキリシタン取締りの状況を伝える「仙台吉利支丹(キリシタン)文書」(天理大学附属天理図書館所蔵)とともに、仙台藩の重臣であった石母(いしも)田(だ)家に伝来した史料である。

そのほかに仙台藩関係では、仙台藩主伊達家に伝来した文書・記録群(以下、「伊達家文書」とする）をはじめ、仙台藩が元禄十六年（一七〇三）に完成させた政宗の伝記である『貞山公治家記録』、その編纂材料となった文書・記録・系譜類を記載した『政宗君記録引証記』（以下、『引証記』と略記）、支倉六右衛門の直系の子孫に伝えられていた「支倉家資料」（仙台市博物館所蔵）などがある。特に『引証記』には、政宗の右筆や近習を務めた真山正兵衛俊重が残した「真山記」、伊達政宗周辺の動静をその側にいた者が記したとみられる「日記」、政宗関係文書などを書き留めた「御案文留」など、今のところ原本や写本が確認されない記録類も収められており貴重である。また、仙台藩士の由緒書では、延宝四年（一六七六）から同七年にかけて集成した『侍衆御知行被下置御牒』、寛政四年（一七九二）に完成をみた『伊達世臣家譜』も参考となる。

以上、国内外に散らばる関係史料の現状を概観した。本書の執筆にあたっては、原本や写真を適宜参照しつつも、『大日本史料』『仙台市史 特別編・慶長遣欧使節』『支倉六右衛門常長「慶長遣欧使節」研究史料集成』などに収録された関係史料の翻刻（釈文）や翻訳に大きな恩恵を受けている。特に『仙台市史』の編さんに携わって実感したのは、研究や執筆の前提となる史料の翻刻（釈文）や翻訳には相当な時間と労苦が伴うものであり、まさにそれ自体が汗と涙の結晶であるということであった。こうした基礎研究は、もっと評価されてしかるべきであろう。

それでは、いよいよ政宗と使節にまつわる旅を始めよう。以上のように国内外にまたがってその足跡を残す慶長遣欧使節とは、どのような経緯と意図で海外へと派遣されたのであろうか。そして彼らは、どのように旅を続けて外交交渉を推し進め、どのような末路をたどったのであろうか。

伊達政宗の南蛮貿易構想

世界を見据えて

南蛮文化へのまなざし

東北の雄・伊達政宗は、戦国時代から江戸時代初期の多くの武将たちと同様、南蛮文化に高い関心を示した。天正十七年（一五八九）、相模国小田原城（神奈川県小田原市）の城主北条氏直から「南蛮笠」を贈られたのが、政宗と南蛮文化の接触を示す記録上の初見である。これは政宗に宛てられた北条氏照（氏直の叔父）の書状（「伊達家文書」）にみえており、北条氏との友好の証として贈られたものである。この時、政宗は二三歳である。慶長六年（一六〇一）頃の政宗の所蔵品目録である『御物之帳』（「伊達家文書」）には、砂時計・コンタツ（ロザリオ）・南蛮字・南蛮鏡など、いくつもの舶来品が記されており（高橋あけみ二〇〇一）、使節派遣以前からすでに南蛮渡来の品々を所蔵していたこともわかる。

残念ながらこれらの品々はいずれも現存していないが、政宗所用とされる現存の美術工芸品のなかにも、彼の南蛮趣味がみて取れる。桃山時代（一六世紀）の山形文様陣羽織（重要文化財）はその一つである。舶来の黒羅紗・緋羅紗の色の組み合わせをはじめ、同じく舶来の金銀糸のモールの縦のライン、そして襟のフリル飾りなどは、当時流行した南蛮趣味を色濃く反映しているとされる。政宗の墓所である瑞鳳殿（仙台市青葉区）からは、ヨーロッパ製のブローチと推測される金製装飾品や、バックルともいわれる銀製装飾品（以上、いずれも仙台市博物館所蔵）が遺骨とともに発掘されており、南蛮文化に対する政宗の関心の高さをうかがわせるのである。

図2　伊達政宗甲冑倚像（慶安5年，瑞巌寺所蔵，仙台市博物館編1995）

政宗の異国経験

政宗の晩年に小姓をつとめた木村宇右衛門可親が、慶安五年（一六五二）頃に生前の政宗の言行を書き留めた『木村宇右衛門覚書』上巻（「伊達家文書」）には、

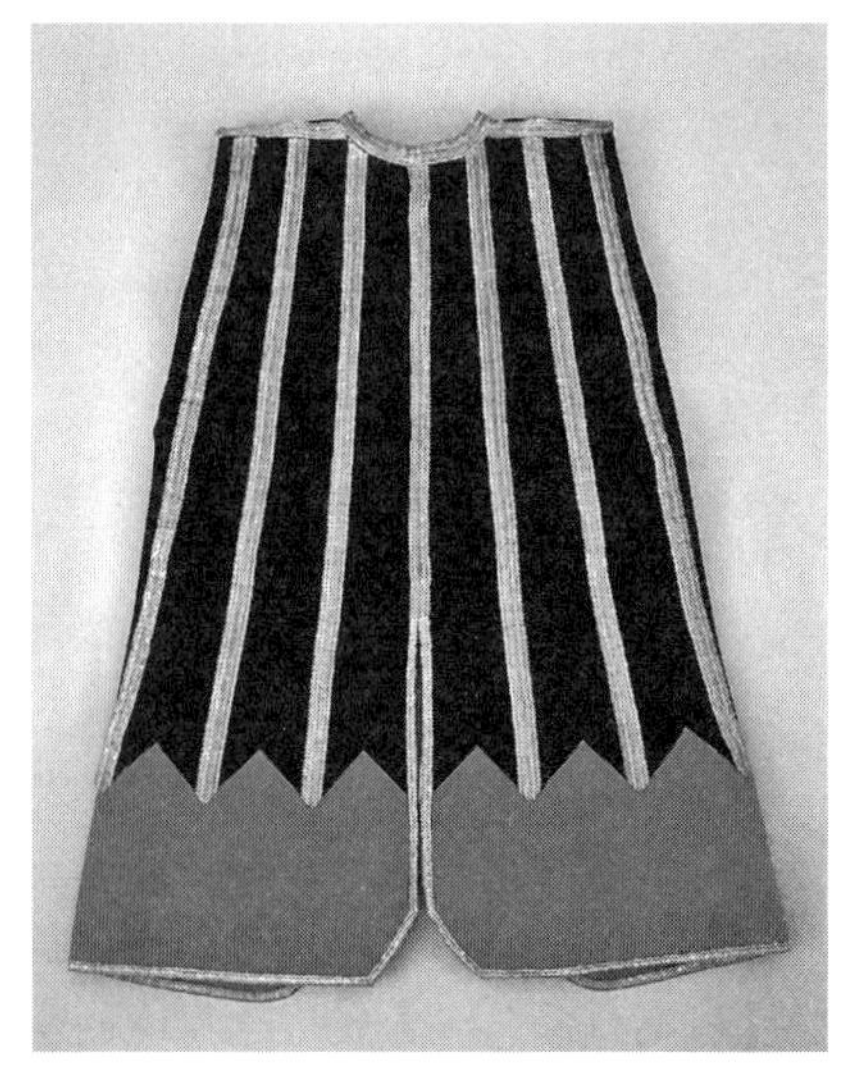

図３　山形文様陣羽織（仙台市博物館所蔵，仙台市博物館編2013）

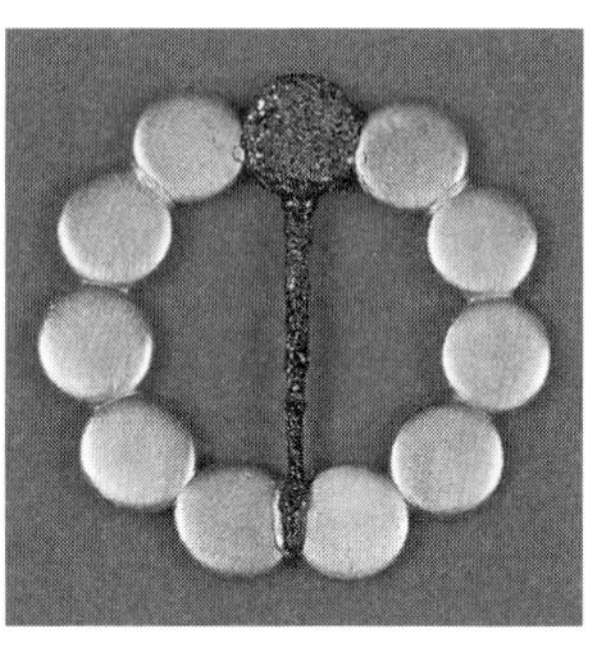

図４　金製ブローチ（17世紀，仙台市博物館所蔵，仙台市博物館編2013）

次のような一文がまとめて記されている。

ある時の（御屋形様の）お話には、「私はかつて黒舟を作らせ、南蛮へ渡した。（それは）国の重宝を求めたのではなく、異国への聞こえのためだったのである。またこれ以前、秀吉公が名護屋（なごや）にいらっしゃった高麗陣（こうらいじん）の時、国の遠近をもって人数の多少を割り付け、我らは五百人、大舟五艘、小舟十艘であった。そうではあったが、少人数では不自由であるし、舟の数も不足する。自然の時のため、かねて通路の心掛けのためだったのである」とおっしゃられた。

前段には南蛮国への使節船の派遣のことが語られ、その目的が「国の重宝」を求めることではなく、「異国への聞こえ（外聞・評判）」のためだったと述べられている。後述のとおり、実際の使節派遣の目的がメキシコなどとの貿易によって異国の重宝を入手しようとしたものであることは、当の政宗親書案などからみても紛れもない事実であるが、意外と政宗には海外での評判を気にした側面もあったのではないかと思われる。

また後段には、文禄二年（一五九三）に政宗自身も渡海した朝鮮出兵の時の経験が語られている。やや意味の取りづらい部分もあるが、その時に兵員や船舶の数で苦労したので、いざという時のために前々から往来のことには気を遣っていたのだ、といった意味合いであろうと思われる。

ここで興味深いのは、以上の語りが南蛮と朝鮮という「異国」を対象にしている点で共通している、ということであろう。つまり、この二つの異国経験は、政宗の人生のなかの大きな思い出として結びつけられていたことを示唆しているのである。あるいは朝鮮出兵における渡海の経験は、政宗の目を広く海外に開かせ、その後の使節派遣に影響を与えた可能性も考えられるのではなかろうか。

豊臣秀吉による朝鮮出兵の拠点となった肥前国名護屋城（佐賀県唐津市鎮西町）周辺には、ポルトガル人・スペイン人らも出入りし、秀吉も名護屋城で彼らに会っていたことが知られる（松田一九九二）。「肥前名護屋城図屏風」には、城下の町屋に南蛮人が描かれている（佐賀県立名護屋城博物館編二〇一八）。同城の近くには政宗も陣屋を構えており、あるいはこの地で南蛮人に接する機会をもった可能性もあろう。

南蛮人との接触

確実なところでは、慶長十五年五月（一六一〇年六月）頃に江戸でスペイン人のドミニコ会士ホセ・デ・サン・ハシント・サルバネス神父と出会い、仙台での教会用地の提供を申し出ているのが早期の例であろう（五野井二〇〇三）。また翌年五月には、仙台に戻る江戸の街路上で前述のセバスティアン・ビスカイノとはじめて出会い、自らの家臣と領国を提供するとビスカイノに述べ、甚だ丁重に挨拶をして先へ進んだとされる（『金銀島探検報告』第五章）。

政宗が正使に任命し使節一行を先導することになるルイス・ソテロとの出会いについては、次のように異なる二つの記述がある。一つは、江戸にいた政宗の異国人（朝鮮人か）の愛妾が病気になった際、フランシスコ会の俗人修道士ペドロ・デ・ブルギーリョスの治療の評判を聞いた政宗が、その長であるソテロを通じてブルギーリョスに治療してもらい、その後に政宗が二人に会いたいといったため、二人が政宗のもとに参上した、とするものである（『使節記』第四章）。もう一つは、日本司教になろうと画策したソテロが、政宗のキリシタン家臣であった後藤寿庵を通じて政宗と知り合いになり、その後も寿庵を介してヌエバ・エスパーニャ（メキシコ）への派遣船の建造を献策し、（商品の）利得に関する大きな期待を政宗に抱かせたなどとして非難される文脈で表されたものである（一六一九年十一月三十日付けイエズス会士アンジェリス書翰）。現状では出会ったとされる時期も明らかでなく、判断材料に乏しいため、どちらが正しいのかは判然としない。

図５　ルイス・ソテロ像（村上訳注1929ａ）

ソテロとビスカイノ

フランシスコ会の修道士・司祭であったソテロは、スペイン南部の貿易都市セビリアの有力な一族出身であり、慶長八年に来日して以来、京都・伏見・大坂・江戸などで日本布教に従事してきた人物である。そうした経歴もあり、日

図6　徳川家康坐像（17世紀，知恩院所蔵）

本語も堪能であった。

ソテロに大きな転機が訪れたのは、前フィリピン諸島臨時総督ロドリゴ・デ・ビベロと徳川家康の外交交渉からである。慶長十四年九月（一六〇九年十月）、メキシコへと帰航途上にあったビベロ一行が上総国御宿（千葉県御宿町）に漂着し、翌月になって江戸にいる将軍徳川秀忠や駿府にいる大御所徳川家康と謁見した。これを機にビベロが日本―スペインの通交関係を家康と具体的に協議し始めると、同年十二月から翌年一月にかけてソテロが中心となって通交協定案に関する交渉・翻訳などを担い、江戸幕府が進めたスペイン国王との貿易交渉の大使にも任命されたのである。その後ソテロは、ビベロが推挙した別のフランシスコ会士アロンソ・ムニョスとともに幕府の大使を務めることとなり、メキシコとの通商を希望する家康親書・秀忠親書（ともにインディアス総合文書館所蔵）、具足・刀といった贈り物などを持参する予定となったが、慶長十五年六月、結局ムニョスだけが大使となって京都商人田中勝介（たなかしょうすけ）やビベロらとともにメキシコへと出立しており、ソテロが幕府の大使として渡航することは実現しなかった。

また、ソテロはその言動などをめぐって、フランシスコ会などと対立するイエズス会から、さらに彼の属するフランシスコ会内部からも批判の矛先を向けられる人物であった。ただし、後述のようにその後も幕府の対スペイン外交において重要な立場にあり続けている。

ビベロらが幕府の助力によってメキシコへと無事に送還されたことを受けて、慶長十六年四月に来日したのがビスカイノ（一五五一～一六二八）である。メキシコやフィリピン諸島などを統轄するヌエバ・エスパーニャ副王（以下、副王とも略記）の命により、スペイン国王の答礼大使として来日したのである。彼は、日本の東方海上にあるとされた金銀島の探索を副王から命じられていたスペイン人探検家でもあった。来日の翌月には秀忠や家康に謁見し、日本沿岸を航海・測量する許可を得るなどしている。その際に通訳を務めた一人がソテロであり、二人はその後しばらく行動を共にしたようである。ビスカイノが政宗と出会ったのは、彼が江戸城で将軍秀忠と謁見した二日後のことであった。

政宗の世界認識

慶長十六年十月六日（一六一一年十一月十日）、陸奥国の太平洋沿岸部の測量のため江戸から陸路を北上してきたビスカイノが、通訳のソテロらを伴って仙台城を訪れた。彼らの拝謁を受けた政宗は、「フィリピンやヌエバ・エスパーニャ（メキシコ）の船が来航するのに相応しい良港が我が領内にあれば大変喜ばしく、それに対して良い待遇と応接を保障するし、スペイン国王と親交を結び、ヌエバ・エスパーニャの副王たちとも通信を交わすことを願っている」と述べたという（『金銀島探検報告』第八章）。親交を結び通信を交わすためには、何らかの文書または使者を派遣することになると想定されるから、ここですでに仙台藩・メキシコ・スペインとの往来が構想されていたことになろう。これに対してビスカイノは、政宗の申し出に謝意を表し、スペイン国王に代わって平和と親交を保障するとともに、スペイン国王は商取引上の利益よりも聖なるカトリック信仰の教えを重視している、と返答している（同前）。

また、慶長十八年九月四日付けのスペイン国王宛て伊達政宗親書案（『南蛮へ之御案文』）の冒頭には、「先年より大国を治める帝王（スペイン国王）の存在は聞き及んでいたが、このたび伴天連（バテレン）フライ・ルイス・ソテロからそのご威光を詳しく聞いたところである。内々に通交したいと考えていたところに、先ごろ濃毘数般（ノビスパン）のビゾレイ（ヌエバ・エスパーニャ副王、ビゾレイはポルトガル語 vicerei で副王の意）から使者として日本の帝王（徳川家康）の下へ派遣された司令官セバスティアン・ビスカイノが我が領国へと来訪した。濃毘数般（メキシコ）から我が領国へは海路が殊のほか近いと申されたので、今後のことを相談するためソテロを頼んで使者として派遣した」と使節派遣の経緯を記している。これによれば、政宗はビスカイノらの来訪以前からスペイン国王の存在を知り、内心では通交の希望をもっていたらしいことがわかる。さらに、ビスカイノとの会談において海路の近さを知ったことが使節派遣のきっかけであったとも述べている。

これら一連の会談のなかで前提とされているのが、フィリピン—メキシコ間航路である。一六・一七世紀のヨーロッパ勢力が東南アジア・東アジアとの往来に使用した航路は、ポルトガルが開拓したアフリカ・インド沿岸部経由の「東廻り航路」と、スペインが開拓した大西洋・アメリカ・太平洋経由の「西廻り航路」に大きく二分されることが知られている。スペインの「西廻り航路」では、一五一九年から二二年にかけてマゼラン艦隊がメキシコからフィリピン諸島・モルッカ諸島への往路を開拓し、一五六五年にはウルダネータ艦隊がフィリピンから日本近海を北上し、北緯四〇度付近（岩手県盛岡市あたり）で東に進路をとって北アメリカへ向かう復路を開拓して太平洋往復航路がおおよそ確立、一五七〇年から七一年にかけてはフィリピン征服が行われて、特にルソン島にあるマニラが「スペイン西端の拠点」として位置づけられていた（坂東・椎名二〇一五など）。仙台城において行われたとみられる「伊達領と海路が近い」というビスカイノの語りは、決して大げさなものではなく、政宗もまたこの会談において太平洋航路に関する認識を深め、これをきっかけに使節派遣を決意した可能性すら考えられよう。

一方ソテロからは、キリスト教の成り立ちや教えなどを説明されたようである。食事を取りながらソテロは政宗の質問に応じ、キリスト教の原理の尊さや神秘性などについて語り、政宗はさらに日を改めてソテロから神の掟（おきて）について説教を聞きたいと述べたという（『使節記』第五章）。

政宗がいつ頃からスペインとの通交や貿易を考え始めていたのかは判然としないが、少なくとも仙台城におけるビスカイノとの談義が、政宗の世界認識や南蛮貿易構想を深める大きなきっかけとなっていたことは確実であろう。また、スペインという国が貿易よりもカトリックの信仰を重視しているということも、遅くともビスカイノやソテロとの以上のやりとりを通じて認識していたはずである。

動き始める使節派遣事業

仙台城における会見ののち、ビスカイノ一行は三陸沿岸の調査・測量に向かうため、塩竈（しおがま）（宮城県塩竈市）や松島瑞巌寺（まつしまずいがんじ）（同松島町）を経て、海路でさらに北上した。その途上では、慶長十六年十月二十八日（一六一一年十二月二日）に発生した地震と津波を、越喜来（おきらい）（岩手県大船渡市）沖の船上で目撃するなどしている。

ビスカイノらは、十一月五日に再び仙台へと戻ってきた。この時、政宗は江戸へ向かうためすでに仙台を出発していたが、船を一隻建造し、その船でスペイン国王と副王へ贈り物を送り、領内で聖福音(せいふくいん)を説く修道士たちを求めているとビスカイノへ伝えるよう、重臣らへと命じていた。ビスカイノらが仙台を発つ同月十三日までの間には、その件が重臣らからビスカイノへ伝えられたという。ビスカイノはこれに対して、正式な回答は熟慮を要するため江戸において政宗に行うと述べ、もしこの領国がヌエバ・エスパーニャやフィリピン諸島と交渉・通商をすることがあれば、彼らは洗礼を受けるであろう、と内心で吐露している。

ソテロは、松島まではビスカイノらに同行していたが（以上、『金銀島探検報告』第八章）、その後仙台に戻って政宗にカトリック教理や布教の歴史について説教したらしい。心を動かされた政宗は、領内でのキリスト教の布教を公認して触書を出し、松島の大きな礼拝所（瑞巌寺）では石像の首を切り落とさせ、別の寺院では坊主ごと火を放てと述べたとされ、最後には司祭などの人材不足を憂えて、ソテロに対してローマ教皇への使節派遣を相談し、その実行を家臣らに命じたともいわれる（以上、『使節記』第六章〜第一〇章）。

これらのすべてを鵜呑みにはできないが、慶長十六年十月はじめ頃、ソテロが仙台城を訪問したあたりに政宗からソテロへ「船の御談合」があったとする史料（元和三年〈一六一七〉十月九日付け奥州キリシタン言上書）もあり、ソテロの仙台滞在中に政宗が使節派遣の話題を口にした可能性はあるように思われる。

慶長十六年十一月三十日には、政宗はビスカイノとソテロを江戸屋敷へ招いて親交を深め、同年十二月以前には、この船を建造するための木材の伐採もすでに行われていたという（『金銀島探検報告』第八章）。十月初旬段階で語られた政宗の構想がさらに具体化され、ビスカイノやソテロの意向に沿いながら推進されていく様子がうかがえよう。

それでは政宗は、メキシコとの間で行われる貿易によって何を得ようとしていたのか、すなわち彼は大洋の向こうに何を求めていたのであろうか。それを直接物語る史料はないが、それが前述の「異国の重宝」、すなわち海外の珍しい産物や奢侈品であったろうことは容易に想像される。ソテロがメキシコ市で副王に提示した長文の覚書（シマンカス総合文書館所蔵）のなかには、日本と直接交易する利点を説明するくだりがあり（詳細は後述）、具体的な交易品目があげられている。それによれば、メキシコは日本から中国産の生糸や絹織物、日本で産出した水銀のほか、索具（さくぐ）（船で使う帆綱などの類）・弾薬・釘・鉄・銅などを入手でき、日本はメキシコから羅紗などの毛織物・葡萄酒・干し葡萄・アーモンド・薬品類・櫃（ひつ）・鏡・コルドバ革・フランドルの珍しい品や細工物などを入手できると記されている。それらは何れも、使節が初期の交渉の過程で語った交易品の数々であり、ソテロらを通じて形づくられた伊達政宗の南蛮貿易構想の一端を示すものではなかったろうか。

以上のように政宗は、使節派遣以前から南蛮文化へ高い関心を示し、ビスカイノやソテロらとの交流を通じて世界への認識を深めた。さらに、キリスト教と貿易を一体的に考えるスペインの方針についても実感するなかで、自らの南蛮貿易構想を具体的に練りあげていったのである。

使節派遣事業の本格始動

慶長十七年八月二十一日（一六一二年九月十六日）、ビスカイノらの乗船するサン・フランシスコ号が、帰国と金銀島の探索のため相模国浦賀（神奈川県横須賀市）を出帆した。ところが、その約一ヵ月後に暴風に遭って船が破損し、浦賀ないしは「我らに友情を示していた政宗の領地」を目指して引き返すことになり、十月十五日にどうにか浦賀へと帰港した。また、慶長十七年九月九日には、江戸幕府がメキシコへとサン・セバスティアン号を出帆させたが、同船もまたまもなく浦賀沖で難破してしまった（以上、『金銀島探検報告』第一一章など）。幕府が同船を出帆させたのは貿易交渉のためであったが、この一件でスペインとの外交計画は頓挫することになった（五野井二〇〇三、小川雄二〇一三など）。家康はスペイン国王のもとへ派遣するためソテロを乗船させ、さらに政宗も自身の使節をソテロに兼務してもらい、その従者として家臣二名を同乗させたというから（『使節記』第一一章）、幕府の対スペイン外交に政宗も参画していたことがわかる。この時、仙台にいた政宗は、同船難破の報をどのように受け止めたであろうか。

同年十二月下旬に江戸へ上府した政宗は、翌年三月十日、幕府の船手頭であった向井将監忠勝へ書状を送り、「舟之義」について向井忠勝の家来一名と船大工が仙台へ遣わされたことに謝意を表している（「御案文留」『引証記』）。政宗は使節船を四五日間で完成させたとする記録（『使節記』第一二章）もあるが、この経緯を考慮すれば、政宗による造船作業が本格化するのは使節船出帆の約半年前からということになる。つまり政宗は、幕府船の難破後、慶長十八年三月頃までには自身による造船と使節派遣のプロジェクトを本格的に始動させていたとみることができよう。また、向井忠勝が造船に関わっている点からみて、頓挫した幕府の対スペイン外交を継承した側面もあったのであろう。

慶長十八年四月一日には、政宗はソテロからの書状を受けて返書を出し、「南蛮へ遣わし申し候使者」や「船ニつミ（積）候荷物」などについて意見を取り交わしている（「御案文留」『引証記』）。政宗は、使者は以前に申し付けた者ども（前記の家臣二名）に決定したこと、ただし来月には仙台へと戻ってしまう予定なのでカピタン（司令官、船長の意）とも相談してもう一人添えるつもりであること、積み荷は政宗分の用意が大方終わり、さらにカピタン分のほか、向井忠勝分が三〇〇梱（こおり）、世上から希望のあった積み荷が四〇〇梱か五〇〇梱はあるようなので安心されたい、とソテロに述べている。

ここでいうカピタンとは、ビスカイノのことであろう。政宗は慶長十八年に入ってから、帰国の途を失ったビスカイノに使節船の提供を申し出て、航海に関する九ヵ条の協定書を取り交わしている。その協定書には、アカプルコまでのビスカイノ一行（航海士・水夫ら）の俸給や糧食などはすべて政宗側が負担し、積み荷は非課税とし、日本人の渡航は必要最小限としたうえで、乗船者はすべてビスカイノの指揮に服することなどが盛り込まれていた（『金銀島探検報告』第一二章）。ソテロ宛ての政宗返書でカピタンとの相談や彼らの積み荷に触れているのは、この協定内容をふまえた発言と考えることができ、協定書の取り交わしもそれ以前と判断される。また、ビスカイノは来日時から航海士・水夫ら航海関係者を多く伴い（ファン二〇〇〇）、仙台城来訪の折りにもたくさんの随行者とともにやって来ており（『金銀島探検報告』第八章）、政宗は彼らへの支援も申し出ていたのである。

なお、政宗は同年三月二十八日に江戸屋敷へ秀忠を迎え、四月十日には駿府の家康のもとへと伺候（しこう）している（『貞山公治家記録（ていざんこうじかきろく）』同年月日条）。会話の内容は史料的にまったくうかがえないが、使節派遣の件が話題に上った可能性はあろう。

ところが六月初旬になって、ソテロが幕府のキリシタン禁令に反したかどで江戸で捕縛され、七月初旬に政宗の取りなしによって辛くも釈放される、という一件が起きている（『使節記』第一三章〜第一五章）。

ソテロの捕縛と解放

統一権力によるキリシタン禁令は、天正十五年六月（一五八七年七月）に発せられた豊臣秀吉の伴天連追放令に始まる。これによって秀吉は、キリスト教を邪法として宣教師の国外追放を命じ、イエズス会領となっていた長崎を直轄領にするなどした。慶長元年十二月（一五九七年二月）には、その長崎で宣教師や日本人信徒ら二六名を処刑する日本最初の殉教事件も起こっている（いわゆる二六聖人殉教）。しかし、布教と一体化して行われていた南蛮貿易は認められていたため、キリシタンの取締りは徹底されなかった。

その後、天下の覇権を握った徳川家康もまた、基本的には豊臣政権の態度を受け継ぎ、当初から宣教の禁止と貿易の継続という立場を示し、江戸や大坂では取締りも行っていた。慶長十四年十月以降のビベロとの貿易交渉では、宣教師の保護を認める意志も示していたが、慶長十七年二月の岡本大八事件（肥前国日野江藩主でキリシタンの有馬晴信と、家康の重臣本多正純の与力でキリシタンの岡本大八との間に生じた政治工作事件）を契機として三月上旬には再び禁教（入信禁止）の方針へと転じ、駿府での取締りや京都・江戸の教会の破壊などを命じた。この時の家康の方針は全国的なキリシタン取締りを念頭に置いたもののようであり、改易された駿府キリシタン衆の取締りを米沢藩・秋田藩・延岡藩・大和国東大寺などに命じるとともに、大村藩主大村氏や福岡藩主黒田氏らに領内のキリシタン取締りを命じ、八月上旬には禁教令を含む触書が下野国西方藩主藤田氏に出されている（以上、清水紘一二〇〇三、小川雄二〇一二、清水有子二〇一四、五野井監修二〇一七など）。

前述したビスカイノの帰国の際、彼は副王宛ての家康親書・秀忠親書や贈り物（屏風や刀）などを持参していたが、家康親書の趣旨は「両国で通交関係を結び、毎年商船を往来させて貿易を行いたい。ただし我が国は神国であり、仏と神を同一と見なして敬ってきた。貴国が用いる法（キリスト教）はその趣が甚だ異なり、我が国には縁のないものではあるまいか。布教の志は思いとどめ、これを用いるべきではない。ただ商船来往して売買の利潤を専らとすべきである」（金地院崇伝『異国日記』慶長十七年六月条）というものであった。ビスカイノは、ソテロらフランシスコ会士三名によるスペイン語訳文（インディアス総合文書館所蔵）を通じてその内容を知り、「キリスト教を保護するという約束を違え、我らの教えを喜ばないと記してある」と感想を漏らしている（『金銀島探検報告』第九章など）。この時期の幕府の立場が明瞭に示されていよう。なお、ソテロらの手になるスペイン語訳文では、「これから両国で通交・貿易を続け、毎年商船を往来させたいが、貴国の法は日本では崇敬しない」とはあるものの、布教は行うべきでなく貿易を専らとすべきであるという後段の一文は省略されており、語調を和らげる方向に意図的に改められたようである。

『使節記』第一三章によれば、将軍秀忠の命令で慶長十八年六月初旬に始まったキリシタンへの迫害は、大勢の檀家を失うことの妬みから出た僧侶らの讒言（ざんげん）、そして江戸における教会堂と墓地の建設が原因であったという。ソテロは、政宗建造の使節船に乗船するため奥州へ向かおうとしていたが、一六〇〇人にものぼるキリシタンの捕縛を目の当たりにして、投獄された彼らの窮状に手を差し伸べるために留まり、秀忠による使節船への乗船命令にも二度反したため、彼自身も捕縛されてしまったと記している。その後、七月初旬にキリシタンらの処刑が始まり、ソテロ自身にも処刑命令が下されたが、時を置いてそれを知った政宗が、秀忠と縁続きの自分に免じて神父を許し、船と使節を派遣する時期が来ているので彼を伊達領へ送ってほしいと記した手紙を秀忠へ送り、それが奏功してソテロは放免されたという。

江戸にあるフランシスコ会の教会施設を前年の禁令により撤去されていたソテロは、その後、江戸のキリシタンらの協力を得て再建に奔走しており、捕縛直前の五月中旬に落成させていた（五野井二〇〇三）。よって六月初旬のソテロの捕縛は、この教会堂再建が幕府のキリシタン禁令に抵触したためと考えられる。そしてソテロの解放については、『使節記』に従えば、目前に迫る政宗の使節派遣も考慮されたことになる。

使節出立前夜

加速する出立の準備

慶長十八年（一六一三）七月十日になって政宗はようやく江戸を発ち、十七日に仙台へ戻った（『貞山公治家記録』同年月日条）。八月一日には、三浦(みうら)按針(あんじん)とも称するイングランド人航海士のウィリアム・アダムス（「南蛮あんじん」）が政宗に猩猩緋(しょうじょうひ)の合羽(かっぱ)一領を献上している（「日記」『引証記』）。八月十三日には政宗が「南蛮人弐人」を仙台城へ招いて様子を尋ね、これとの関連は不明だが向井忠勝へと書状を出している（内容も未詳、「日記」『引証記』）。『使節記』第一四章、および「イバニェス報告」（的場二〇一一）によれば、月日は不明ながら、ソテロと同じフランシスコ会士のディエゴ・イバニェスが使節派遣に同行するため先んじて長崎から仙台に入ったところ、政宗から面会を求められたとされる。そこで政宗から、我が領国での信仰と布教のためソテロ神父を副王とスペイン国王、ローマ教皇のもとへ派遣する予定であったが、もし捕縛された彼が解放されなかった場合には、イバニェス神父にその役回りを代行してほしいと伝えられ、さらに国王と教皇宛ての日本文の政宗書状をスペイン語とラテン語に翻訳してほしいとも依頼されたという。しかし、その後まもなくソテロ解放の一報が政宗に伝わり、当初の予定どおりソテロに使命が委ねられたと記されている。

以上の経緯によれば、政宗は仮にソテロ不在となってもメキシコ・スペイン・ローマに使節を派遣するつもりであり、しかもこの時点で政宗親書の文案も作成されていたことがわかる。

政宗は、八月二十一日にはビスカイノの来訪を受け、仙台城大広間で対面して贈答品の進上を受けている（「真山記」『引証記』）。ビスカイノはすべて通訳を介して会話し、礼儀においては起居を繰り返し、白手拭いで口の周りを何度も拭いていた、ともある。なお、史料上は「南蛮人そてろ」が来訪したように記されているが、その後に記載されている「南蛮人弐人」とは、イバニェスと供の者を含めた人数であったのかもしれない。「背が高く、顔が赤く、鼻も高く、六十余歳と見る」といった容貌と年齢、そして「供の者が二十四、五人」いたとする人数の多さから考えてビスカイノとみてよいであろう（村上訳註一九二九aなど）。

九月一日になってソテロが仙台城を訪れた（「日記」『引証記』）。『使節記』第一四章によれば、釈放されたソテロは仙台に着く二十日ほど前にフランシスコ会士イグナシオ・デ・ヘススとともに江戸を出発し、仙台到着後すぐにこの両名と政宗が使節派遣について談義したとされる。

その後、九月四日付けでスペイン国王・ローマ教皇らに宛てた前述の政宗親書案が作成された（『南蛮へ之御案文』）。おそらくソテロと詰めの協議が行われ、今後の国際外交のもととなる最終的な文案が定められたのであろう。九月六日には、向井忠勝から政宗に対して、書状と「黒船」の「御祈禱御札」が届けられている（「日記」『引証記』）。そして九月十五日、正使に任命されたソテロら使節一行を乗せた船が、メキシコへと出帆するのである（『使節紀』第一五章など）。

家康と政宗の思惑

以上のように、出立直前の八月から政宗は慌ただしく関係者と接触していた経緯がうかがえるが、この段になって徳川家康の外交顧問とも評されるウィリアム・アダムスが突如として史料上に登場するのはなぜであろうか。ここで注目されるのは、家康が構想し実現させた浦賀貿易の存在である。

家康は慶長三年（一五九八）の豊臣秀吉の死没直後からフィリピンとメキシコを結ぶ浦賀貿易を構想し、関東の徳川氏領へとスペイン船を来航させようとしていたようである。それが慶長十一年、ルソン島から浦賀へのスペイン船の偶発的来航によって開始され、その後、一年に一隻スペイン船が同地から来航するようになり、絹・生糸などが輸入されていったという。ところが慶長十四年九月（一六〇九年十月）、幕府が肥前国平戸（長崎県平戸市）にオランダ商館の設置を許可したことで翌年からフィリピン—浦賀航路が停止されると、幕府のスペイン外交は主に対メキシコ貿易に向けて展開されていったといい、慶長十五年六月のムニョスの派遣（ビベロ送還）や慶長十七年九月のソテロの派遣（ビスカイノ帰国）もまた、おおよそこの流れで行われていたのである（ただし、この間の慶長十七年三月にキリスト教の布教は禁じられ貿易のみ容認する方針となる）。そしてこうした浦賀貿易の運営を担ったのが、船手頭の向井兵庫助政綱・将監忠勝父子を扇の要として、スペイン語などにも通じて貿易実務に長けていたウィリアム・アダムス、スペインの保護下にあったフランシスコ会士の三者であったというのである。従って、向井忠勝・アダムス・ソテロらが政宗による使節派遣の動きに直接関わるのは、これが浦賀貿易の延長線上にある事業として実現したからであったとみられているのである（以上、小川雄二〇一三）。

以上の状況は、政宗の使節派遣が幕府から了解を得たうえで行われていたことの証左であり、平川新氏も見通しを示すように（平川二〇一五・二〇一八a）、家康のみならず政宗もまた、西日本を中心に展開していた南蛮貿易の拠点を東日本にある自領に設けようとしていたことの表れといえよう。

慶長十八年（一六一三）九月四日付けで作成されたスペイン国王・ローマ教皇らへの政宗親書案（『南蛮へ之御案文』）とは、どういった内容であったのだろうか。政宗の使節派遣の目的と深く関わるため詳しくみておきたい。

スペイン国王宛て親書案

スペイン国王宛てのそれについては、親書案と協定書案の二種類がある。実は、これらの原本は確認されておらず、その意味でも案文の存在は貴重であるといえよう。ともに『南蛮へ之御案文』の冒頭に続けて記され、文面も比較的長く具体的であり、ソテロの提案を受けながら最終的に定められた政宗の外交方針は、ここに表されているといってよい。

まず親書案は、宛所に「ゑすはんや（イスパニヤ）の国大帝王どんひりつへ様」とあり、ときのスペイン国王フェリーペ三世に向けられたものである。本文冒頭には前述した使節派遣のきっかけが綴られ、それに続けて、以前にソテロが日本皇帝（徳川家康）の使者に任命されたものの病気で果たせず「別之伴天連」（ムニョス神父）が使者として渡海したが、現在は回復しており今回使者を頼んで渡海することになったと記されている。これは、前述のビベロ送還にあたって、実はソテロが貿易交渉を進める幕府の大使に任命されていたという事実を強調したものであろう。ここまでの一連の記述には、ソテロを政宗の使節（正使）に任命した経緯と理由が明示されている。

次に記されるのが使節派遣の目的である。大きく分けて二つからなる。

①ソテロから貴い「天有主（デウス）天道之御法」（神の摂理と秩序）を聞き、非常に大切なものだと思いながらも、やむを得ない事情により現在までそうできない（キリスト教徒にならない）でいるが、「それがし分国中」の下々まで（キリスト教徒となることを）勧めるため、「さんふらんしすこ（聖フランシスコ）の御門派之内、おせれんはんしや（オブセルバンシア）（厳修派）の伴天連衆」を派遣してほしい。厚遇するつもりである。そこでこれから話し合うために、今回我らは船を造り、「のびすはんや」（メキシコ）まで渡海させたのであり、この船で伴天連を毎年渡海させてほしい。それゆえ、メキシコにおいて我が船を厚遇し、「船衆」などの同乗も命じてほしい。

②そうはいうものの、「御国中」（スペイン本国）はもとより、ヌエバ・エスパーニャ副王やフィリピン（ルソン）総督、マカオ長官、モルッカ総督にも我らの船の入港を認めるよう命じ、証書を出してほしい。また、我が領国へそちらからの船が来航した時は、同様に厚遇するであろう。もしフィリピンからメキシコへ向かう（貴国の）船が我が領国へ来着するようなことがあれば、どんなことも自由に任せるであろう。もし破損した場合には、資材などを少しも手抜かりなく用意し、造船したい時は材木などを心配なく提供する。どこにおいても、そのように命じるつもりである。より話し合

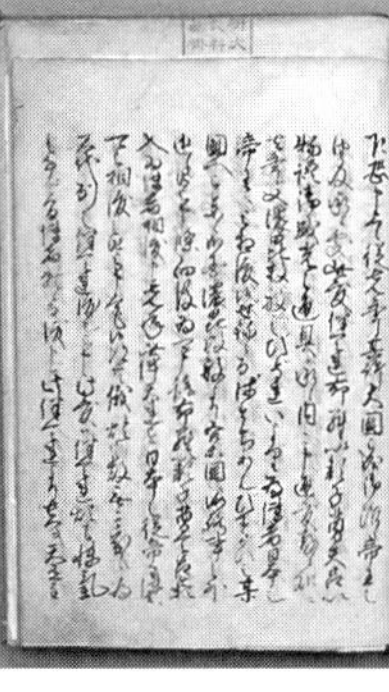

図７　スペイン国王宛て伊達政宗親書案（個人蔵）

うために、条書（協定書）により別途申し入れる。

ここでは、仙台藩領内へのフランシスコ会伴天連衆（司祭などの聖職者）の派遣を第一義としながら、スペイン領と伊達領双方の船の乗り入れを求める内容となっている。政宗が建造した使節船は、今後の伴天連の往来のため毎年使用するとも述べられている。さらに興味深いのは、スペイン本国や副王をはじめ、フィリピン総督・マカオ長官・モルッカ総督にも仙台藩の船の入港を命じ、証書の発行を要請していることである。ソテロの知識を下敷きにしていると思われるが、当時の航路やスペイン側の動向などを考慮すると、「仙台藩—メキシコ—フィリピン・マカオ・モルッカ—仙台藩」という船の循環が想定される。つまり政宗は、メキシコのみならず、その先の東南アジアをも射程に収めた外交戦略を構想していたのである。

②の後には、もしソテロが道中で亡くなった場合、

ソテロが指名した伴天連が代理を務めること、さらに使節として侍を一人渡海させること、わずかだが五種の贈り物を献上したいといった内容が続き、最後は日本国内の武将間の書状のやり取りにおいても通例とされるように、いずれの子細もソテロが口上にて申し上げると記して締めくくられている。

スペイン国王宛て協定書案

「申合条々」の見出しで始まる協定書案は箇条書きの形式をとり、九ヵ条からなる。親書案の内容をふまえつつも、もう一歩踏み込んだ提案が盛り込まれている。こちらも宛所に「ゑすはんや（イスパニア）の国大帝王様」、本文中に「ゑすはんやの帝王三代目どんひりつへ様」とあるとおりスペイン国王宛てになっているが、宛所の傍らに「のびすはんやびぞれいへ（ヌエバ・エスパーニャ副王）一通」と注記されており、メキシコで副王にも提示することを念頭に置いていたことがわかる。副王に提示された協定書についてはスペイン語訳のみが伝存し、見出しで政宗と副王の「和平協定」と称されている（シマンカス総合文書館所蔵）。

このうち、第一条から第五条までは、「吾等国」（仙台藩領）への「さんふらんしすこ（聖フランシスコ）の御門派之伴天連衆」の派遣要請を皮切りに、親書案にみえる右の①②と同じ内容を含んでいる。ただし、親書案に記載されていたフィリピン・マカオなどへの入港の許諾と証書発給の要請はみられない。また逆に、第二条には「伴天連衆を毎年渡海させるため、今回我

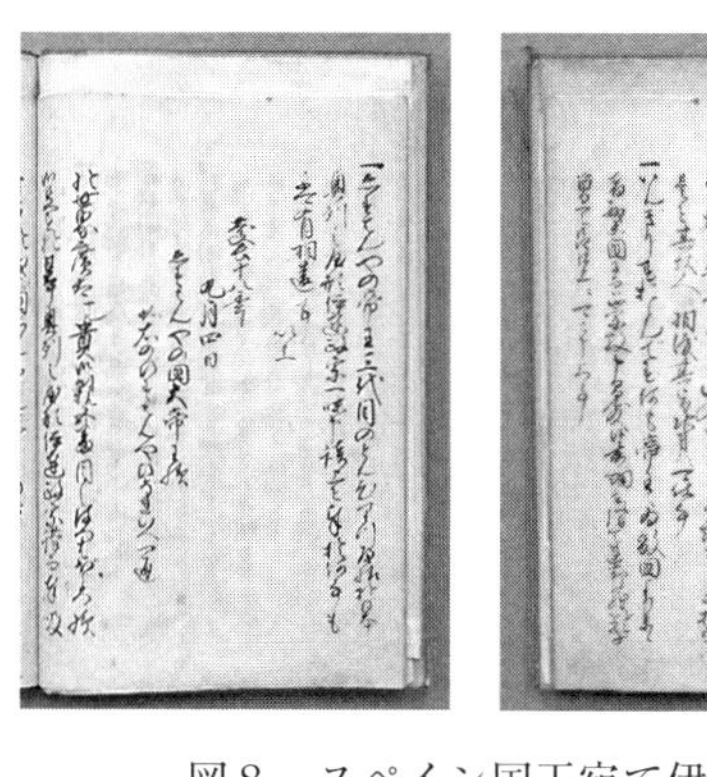

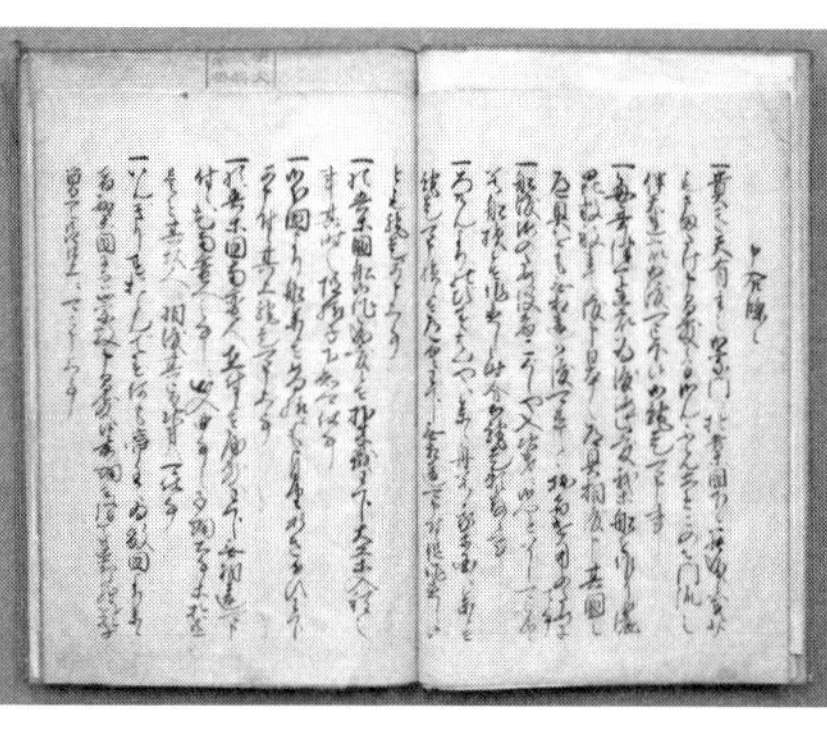

図８　スペイン国王宛て伊達政宗協定書案（個人蔵）

らは船を造って濃毘数般（ノビスパン）（メキシコ）に向かわせ、（その船には）日本の道具を（積んで）渡海させる。そちらの国の道具をも間違いなく渡海させてほしい。これは拙者遣用（つかいよう）のためである」とする一文が付加されている。「拙者遣用」とは政宗用という意味であろう。つまり、政宗が建造し出帆させようとしていた使節船は、政宗の外交使節を運ぶためだけでなく、当初から伴天連衆と政宗の貿易品を毎年渡海させる船になるという考えだったのである。

第六条では、「御分国」（スペイン領）から直接船が来ることがあれば、どのようにも自由に「あきなひ（商い）」などができるようにし、さらに厚遇すること、第七条では、伊達領に南蛮人が居留する時は屋敷などを与え、また騒動や訴訟があればその「頭人」（代表者）に任せるとして、伊達領における治外法権まで認める方針を打ち出している。第八条では、イギリス・オランダなど、スペイン国王の敵国から来訪した者は我が領国では崇敬しないと記したうえで、その他の事柄はソテロ神父が口上で述べるとし、最後の第九条においては、スペイン国王フェリーペ三世と日本国奥州の屋形である伊達政宗が「一味」となるからには、お互いに何事も相違しないこと、と記すのである。

とりわけ親書案で明確でなかった貿易に関する要請事項が、協定書案の第二条と第六条に記されている。つまりスペイン領・伊達領双方の船の乗り入れとは、貿易を前提としたそれであったと総括できよう。

このように政宗は、仙台藩領内へのフランシスコ会伴天連衆の派遣とメキシコなどとの直接貿易を実現するために海外へと使節を派遣したのである。その際には、スペイン国王や副王と前述の協定を結び、スペイン船を受け入れるとともに使節船を毎年往来させ、東南アジア貿易を視野に収めながら仙台藩にフランシスコ会の伴天連衆と貿易品をもたらそうとしていたのである。つまりこの協定書案は、使節船を利用して仙台藩に定期的・安定的に布教と貿易の実をもたらそうとするものだったのである。この使節は海外との通交を結ぶことが最大の目的であって、通商や技術導入などは二義的と考えられていたのではないかとする見方もあるが（菅野二〇一七）、これらの点から少なくとも貿易・通商面に関しては二義的とはいえないであろう。

文案作成の背景

一見すると親書案・協定書案ともに、貿易に関する項目は伴天連衆の派遣要請の項目に比べてさほど端的な表現がとられていない。文面の最初にきて切望されているのも、伴天連衆派遣の項目である。しかし、その文面の大部分を占めているのが、貿易を前提とした船の相互乗り入れに関する項目であり、内容も具体的で詳細になっている。これなどは、政宗が貿易の実現に重点を置き、どうにか領内に南蛮貿易の拠点を創設しようとする意志の表れと考えられる。その一方で政宗は、スペインが貿易よりもカトリックの信仰を重視しているという認識のもとに、使節らに託す外交交渉の優先事項を伴天連衆の派遣要請とすることで、自らの国際外交を実現させようとしていたのであろう。

しかもこれらの文案には下敷きがあった。慶長十四年十月（一六〇九年十一月）に前述のビベロが家康に提案したスペインとの通交・貿易交渉の条件は、宣教師の保護、スペイン国王との友好・親善、オランダ人の追放という三点に集約され（ビベロ『日本見聞録』）、右の文案からみて政宗も大筋で引き継いでいたとみられるからである（高橋富雄一九七五）。また、その後ソテロが起草・翻訳したスペイン国王宛ての幕府通交協定案（慶長十五年一月九日付け、スペイン語訳文、インディアス総合文書館所蔵）が「和平協定」と称され、内容的にも来航したスペイン人に屋敷を与え、スペイン船の破損に対して必要な資材を提供する（ただし適切な価格による有料の提供）とあるなど、やはり政宗親書案・協定書案と類似した部分が散見されるのである。幕府の協定案に比べれば政宗のそれはかなりスペイン側に譲歩した内容となっているが、こうした共通点からみて、政宗はソテロを通じてこれらの情報を知り、その提案を受けながら文案を作成したとみてよいであろう。

それにしても、政宗による使節派遣が幕府の了解を得て行われていたにもかかわらず、なぜ彼は幕府の禁教方針に反する外交使節を海外へと派遣したのであろうか。そもそもなぜそれができたのであろうか。この点は使節の旅路を通覧したうえで最後に考えることにしたい。

副王宛て親書案

副王宛ての政宗親書も原本が確認されておらず、やはり『南蛮へ之御案文』からその内容を知り得るのみである。

冒頭には、日本で流布するキリスト教の教えをソテロから聞き、誠に「天有主之真教」だと心得ながらも、やむを得ない事情でいまだキリスト教徒にならないでいるが、「分国之人民」は執心に任せて「御宗門」にするつもりであると述べられている。ここまでは、スペイン国王宛て親書案にも似たフレーズがあったが、ここから先が大きく異なっている。それによれば、「奥南蛮之国王」（スペイン国王）と「はつは尊老」（ローマ教皇）への「使僧」を頼んだソテロには侍三人を添えて、二人は「尊国」（メキシコ）より帰朝させ、い

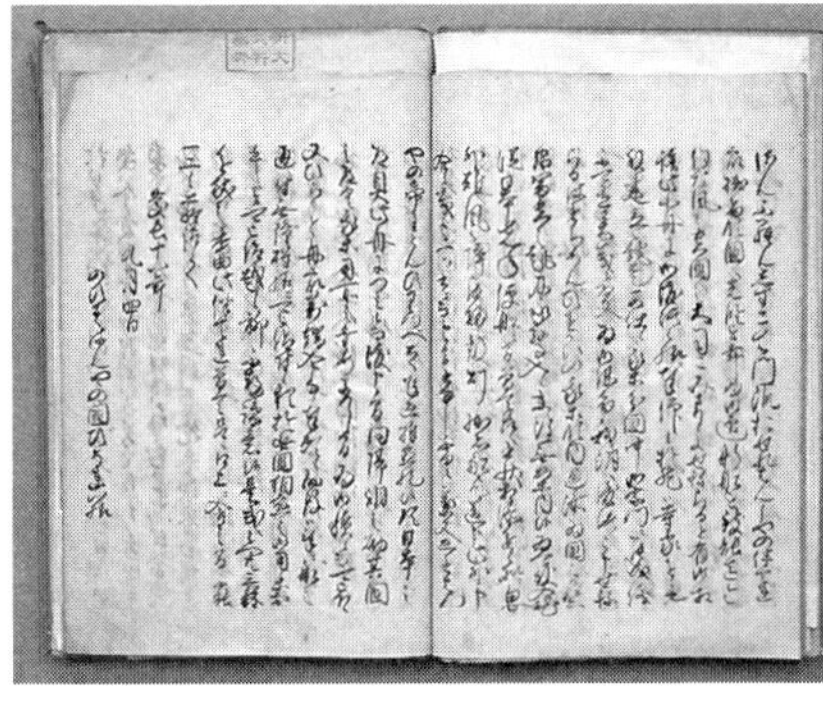
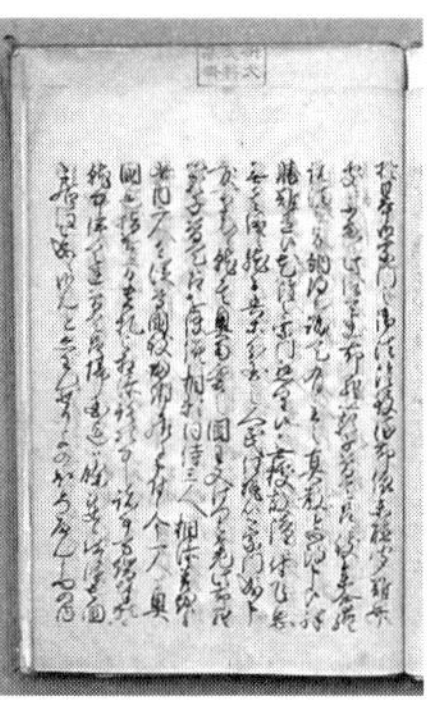

図９　ヌエバ・エスパーニャ副王宛て伊達政宗親書案（個人蔵）

ま一人は「奥国」まで差し遣わすので、貴殿の書状も添えて道中が万事整うようにお願いしたい、特にソテロの帰国まではあまりに「遅々」となるので、貴国に居住しているフランシスコ会厳修派の伴天連衆が「拙者領国」へ光臨することを望んでおり、そのお迎えのため「新船」（使節船）を造って向かわせた、この「小舟」でそれら伴天連衆を派遣してもらえれば、寺をも建立し厚遇するつもりである、と述べられているのである。

「奥南蛮」「奥国」とはヨーロッパ方面を指した表現であり、この文脈からは使節一行をメキシコとヨーロッパの二段階に分け、外交交渉を進めることが想定されていたとわかる。また、ソテロに侍三人を添えるとする表現からは、政宗からみれば正使はソテロ、副使には家臣三名が任じられ、そのうちの一人がヨーロッパ外交をも担う立場として派遣されていたこともうかがえる。メキシコ止まりの副使が誰であったかは明確でないが、幕府建造船サン・セバスティアン号に同乗した家臣二名であったと推察される。一方「奥南蛮」まで向かう副使が、家臣の支倉六右衛門（はせくらろくえもん）であった（詳細は後述）。ヨーロッパなどではソテロと支倉が「二人の大使（使節）」などと称されており（『教皇庁儀典日記』一六一五年十月二十九日条など）、海外ではこの二人が中心人物と認識されていたことは間違いない。

この後のくだりでは、ビスカイノから貴国の繁昌・富貴の様子を聞いて驚き入るばかりであり、ビスカイノの帰国船が暴風で破損したため「拙者船」で送ったと申し添え、そのほかの協議内容は「一ッ書」（協定書）にあること、この船に積んだ「日本の道具」を帰朝の際には貴国の道具に換え、我らが用いるために積ませてほしいことなども伝えている。さらに「ひらうと」（ピロート）（航海士）や「舟衆」も必要なのでお願いしたいと述べ、今後はお互いの船の通行に障害のないよう命じてほしいとも要望し、わずかだが三種の贈り物を献上したい、詳しくはソテロが口上にて申し上げると記して締めくくられている。

以上からみて政宗は、スペイン国王らとの布教・貿易協定の妥結にはかなりの時間を要すると見越して、それに先んじて使節船を往来させ、フランシスコ会の伴天連衆と貿易品をメキシコから仙台藩へ渡海させる腹づもりであったことがわかる。これまでの研究では

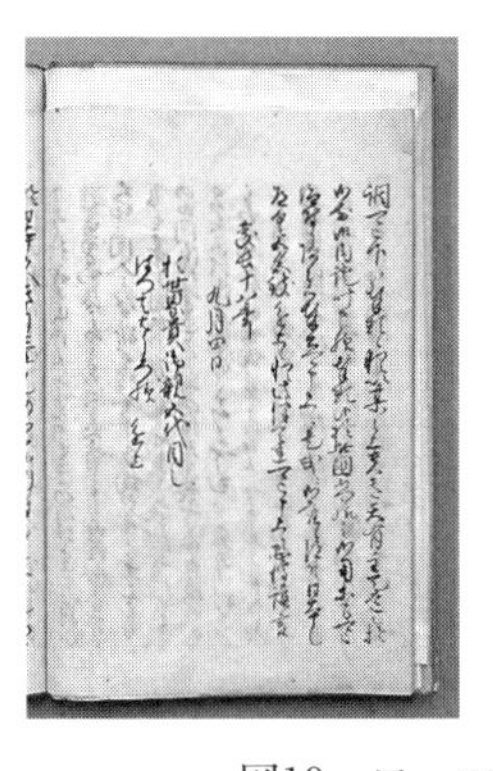
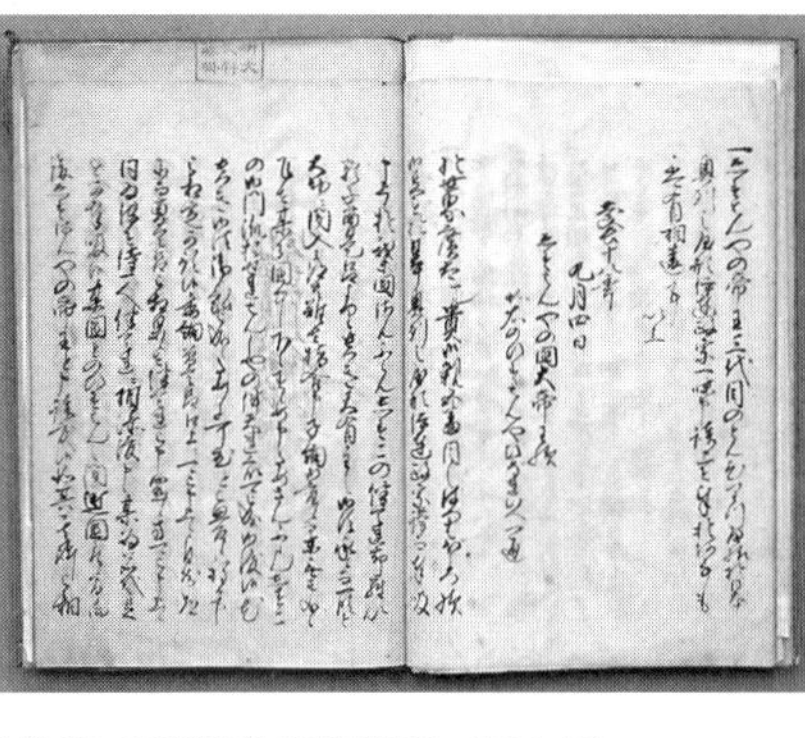

図10　ローマ教皇宛て伊達政宗親書案（個人蔵）

ほとんど留意されていないが、政宗はメキシコへの使節船の渡海に乗じて、そのメキシコから早期に布教と貿易の実を得ようとしていたことがうかがえるのである。

ローマ教皇宛て親書案

『南蛮へ之御案文』において、スペイン国王宛て親書案および協定書案の次に記載されるのが、ローマ教皇宛ての親書案である。

ローマ教皇宛て親書案は、宛所に「世界において貴き御親、五代目之はつはばうろ（パッパパウロ）様」とみえるとおり、時のローマ教皇パウルス五世に向けられたものである。その御足を、「日本国奥州の屋形伊達政宗は謹んで吸い申し上げたい」という書き出しで始まるその内容は、スペイン国王宛て親書案に比べてきわめて簡潔であり、内容的にも重なる部分が多い。

書き出しの直後には、ソテロから貰い「天有主之御法」を聞き、大切と思いながらもいまだキリスト教徒にならないでいることや、領内の下々までキリスト教徒となることを勧めるためフランシスコ会厳修派の伴天連衆を派遣してほしいことなど、スペイン国王宛て親書案と同じ文言が綴られている。それに続けて、この貴い教えを広めるためにふさわしいと思われることを定めて与えてほしいと述べ、詳しくはソテロが口上で申し上げるとして、ローマ教皇とソテロに内容を委ねる格好をとっている。その後は、もしソテロが道中で亡くなった場合にはソテロが指名した伴天連が代理を務めること、使節として侍を一人添えて渡海させ名代として御足を吸わせるつもりであること、我が領国とヌエバ・エスパーニャ（メキシコ）は近国であるから今後スペイン国王と相談したいと考えており、そちらでも話がまとまるように助力をお願いしたいこと、貴いデウスの御内意に叶うようお願いしたいし、当方で何らかのご用があればそのとおりにするつもりであること、わずかだが五種の贈り物を献上したいといった内容が続き、あとはソテロが口上で申し上げると再び記して締めくくられている。

これには原本が残されており、金箔・銀箔に彩られた美しい料紙を用いた、日本語文とラテン語文の二通が現存している（ともにヴァチカン・アポストリカ図書館所蔵）。ところが、右の案文と日本語文の原本を比較してみると、原本の文章量が二倍以上になっていることがわかる。全体的に案文の趣旨はしっかり踏まえられているものの内容がかなり丁寧で具体的になっており、案文では一行だった文章が原本では二〜三行になっている部分もある。案文にはなかった文面もあり、たとえば「(それがしの分国中に)派遣される伴天連衆には万事について御力(おちから)(権限などの意か)をお許し下さい」、「特に大きなる司(司教または大司教)を一人定めて下さい。そうすれば、やがて皆々がキリシタンになることは間違いないでしょう」といった文言が新たにつけ加えられ、侍を一人添えると記されていた部分が「我ら家之侍一人、支倉六右衛門尉と申す者」を添えると明記されるにいたっている。なお、ラテン語文の原本については、日本語文の原本よりもさらに丁寧で具体的になっているが、おおむねその趣旨は変えずに翻訳されている。

原本なき使節の出立

実は、ローマ教皇宛て政宗親書のラテン語文の原本は、使節の日本出立時から用意されていたものではなく、海外の旅程のなかで作成されたものなのではないか、と以前から指摘されてきた。その理由は、一六一五年にローマで刊行された『ローマ入市式報告書』(ヴァチカン秘密文書館ほか所蔵)のなかで、「教皇に渡したこの王(政宗)の書翰はスペインにおいてラテン語に翻訳されていた」と明記され、しかも本文と年月日・署名の部分の筆跡が異なっていること、つまりこれは判(はん)紙(がみ)(文章はないが、あらかじめ花押や印判を据えてある料紙)を用いているのではないか、とする判断からの指摘であった(松田一九八七)。

近年、佐藤憲一氏は、ローマ教皇宛て政宗親書の日本語文に三人の筆跡がみられることに注目し、一人目は花押を据えた政宗本人、二人目は年月日と署名・官職名（「伊達陸奥守政宗」）を書いた政宗の右筆、そして三人目は本文と宛所を書いた第三の筆者（人物は未詳だが使節一行の仙台藩関係者の誰か）がいたと指摘している。そして、先々の状況がどう変化するのかわからない旅路のなかで、その時々の状況に合わせて本文を書くために、年月日や政宗の署名・官職名・花押・朱印が入った判紙を持参させ、基本となる案文の骨子を曲げない範囲で実際の文面は使節に任せ、全権大使となるソテロと支倉が話し合いながら原本を仕上げていった、とする興味深い発言を行っている（佐藤・平川二〇一五）。

おそらくこれは、原本が現存するセビリア市宛て政宗親書（日本語文一通、セビリア市文書館所蔵）にも当てはまるであろう。それというのも、この政宗親書は『南蛮へ之御案文』に収められていないのにもかかわらず原本が現存しており、かつ本文と年月日・署名・花押などとの間が極端に空き、ややバランスを欠いているようにもみえるからである（後者と同様のことは、ローマ教皇宛ての日本語文の原本にもいえるであろうか）。

つまり使節一行は、出立直前に最終的に確定された案文と複数の判紙を持参して出立し、行く先々での外交交渉の方策は使節（特に口上を任されたソテロ）にある程度委ねたうえで、原本は海外の地において案文の内容とその時々の状況を勘案しながら執筆した可能性が高いと考えられよう。仮に原本が作成されていたとしても、それはメキシコ関係（副王宛てなど三通、ただしすべて原本は現存せず）ぐらいだったのかもしれない（明石治郎氏のご教示による）。

さらに翻って考えれば、使節出立直前に作成された親書案こそが、政宗の使節派遣の意図や目的を最も表しているといえるであろう。そしてローマ教皇宛て親書案をみる限り、政宗はローマ教皇に交渉する具体的な請願内容を相当程度ソテロに任せていたと考えられるのである。

後藤寿庵の役割

後藤寿庵とは

後藤寿庵は陸奥国胆沢郡見分（いさわぐんみわけ）（岩手県奥州市水沢）を本拠とする武士であり、伊達政宗のキリシタン家臣として知られ、洗礼名がジョアン（寿庵）であったとされる。明治時代初期に「ジアン後藤」（平井編一八七六）として紹介されて以降、主に東北地方のキリシタン史では大きく脚光を浴びるようになり、慶長遣欧使節と同様、その足跡がたびたび顕彰されてきた人物でもある。

その出自や終焉など判然としない事跡もあるが、彼は見分を中心とした数ヵ村に少なくとも八一貫三二五文（約九七五石）の知行を有していたことが知られ（「仙台吉利支丹文書（キリシタン）」「伊達家文書」）、これに従えば仙台藩では中級家臣となる。また、仙台藩および奥羽におけるキリシタンの代表者・指導者というべき人物であり、伊達家中ではそのほかに軍事

（大坂の陣への出陣）や内政（胆沢平野での開発や知行地内での農政）などにもその足跡をのこしている。さらに彼は、慶長遣欧使節の派遣事業にも深く関わっていた（以上、佐々木徹二〇一七）。

図11　寿庵記念堂（岩手県奥州市水沢福原）

アンジェリスの書翰

後藤寿庵と慶長遣欧使節の関連を述べる史料として著名なのは、一六一九年十一月三十日付けのイエズス会士ジェロニモ・デ・アンジェリス書翰（ローマ・イエズス会文書館所蔵）である。伊達政宗による遣欧使節の真相を書きしたためたいとして、ローマのイエズス会総会長ムーティオ・ヴィテレスキに宛てて送ったものである。

これによれば、ソテロは日本司教になるための策謀として、後藤寿庵と称するキリスト教徒の一家臣を通じて政宗と知り合いになり、その後も寿庵を介してヌエバ・エスパーニャ（メキシコ）への派遣船の建造を献策し、（商品の）利得に関する大きな期待を政宗に抱かせたという。しかもソテロは、政宗が多量の銀を費やして船の建造を進め、艤装された後になってスペイン国王とローマ教皇への使節派遣の話を持ち出したために、寿庵は余計な出費を強いられた政宗とソテロの間で苦況に直面していた、とも述べている。

本書翰では、加えて使節の人選の内情にも言及している。政宗は大使としてあまり有力でない一家臣を遣わしたとし、「(政宗の資産に関する)いくつかの詐欺」を働いて数ヵ月前に斬首を命じられた父と同じく、斬首にするつもりで彼のわずかばかりの知行を没収していたが、スペイン・ローマまで行って遭遇する苦難や航海途上の死と引き換えに彼を大使に選び、没収した知行を返還したとも記すのである。さらにその大使は、スペイン・イタリアの各地、そしてローマ教皇の面前でソテロが公言したような、高名な人物でも政宗の親戚でもなかったとしている。そしてこれら使節派遣にいたる経緯は、実は寿庵自らがアンジェリスに語った内容であるとし、ソテロと懇意であった寿庵がこの件のすべてを担当した人物であったと述べているのである。

これまで本書翰からは、寿庵は使節派遣に反対していた(フーベルト一九五六・一九六二)とする見解が出されているほか、寿庵は遣使の実現に陰で関わった中心人物の一人であり、造船・艤装・大使の人選の一切について把握し、政宗への取次人となってソテロの要望を伝えていた(佐藤憲一　一九八八、五野井二〇〇三)などの見解が出されている。前者については、文意からみてそれは当たらないであろうが、本書翰の内容をそのまま受け取ると後者のように理解でき、仙台藩による海外への使節派遣事業において寿庵もまた立役者の一人であったことになるのである。

ただしその一方で、本書翰が日本司教になろうと目論むソテロを批判する目的で記されたものでもあるために、政宗とソテロの間で板挟みにあう寿庵の立場や役割について過度に持ち上げられていないか、扱いに難しい面があるのも事実であろう。その内容が信頼し得るものかどうか、なお検証が必要な段階にあるというのが現状である。

奥州キリシタン言上書

こうしたなかで注目したいのは、後藤寿庵をはじめとする仙台藩領内の三八名のキリシタンが、イエズス会日本管区長マテウス・デ・コウロスに宛ててしたためた、元和三年十月九日（一六一七年十一月七日）付けの三種類の言上書（マドリード王立歴史学士院図書館所蔵）である。寿庵はこれらのうち二種類に見出され、どちらも一番格上であることを表す位置（日付の下）に署判して、イエズス会士による奥州布教の様子などを報じている（フーベルト一九六一など）。一通には城下町仙台のキリシタン八名の筆頭格として、もう一通には胆沢郡見分・磐井郡矢森（岩手県一関市東山町）・同郡志津（清水、同市花泉町）の三村一六名のキリシタンの筆頭格として表れ、仙台藩および奥羽における彼の立場を端的に示している。

このうち、仙台のキリシタン八名が連署した言上書（五ヵ条目）に次のようにある。

五、サン・フランシスコの門派の伴天連フライ・ルイス・ソテロの事、慶長十六年（一六一一）十月初めの頃、伊達陸奥守政宗の居城仙台にお礼のために来られて、そのついでに政宗の船の御談合があって、三十日ばかりご逗留（とうりゅう）された。この時、少々バウチズモ（洗礼）を受けた人もいたとのこと。同じく慶長十八年六月に同じ門派のフライ両都（ディエゴか）が仙台に来られた。同年の八月、伴天連フライ・ルイス・ソテロ、同じ伴天連イグナシオが仙台に来られて、九月中旬までご逗留された。この三人のフラテ（修道士）の伴天連は、伊達政宗の船がノビスパニア（メキシコ）へ渡るに当たって乗るために来られ、すなわちご出船しました。

慶長十六年十月はじめ頃、ソテロが仙台城を訪れたあたりに政宗から「船の御談合」があったことや、慶長十八年九月十五日の使節出帆にいたるソテロらフランシスコ会士の動向などが、その年月とともに略述されていることがわかる。

そしてこれらの経緯は、前述のとおり、同時代史料である『金銀島探検報告』（第八章）や『使節記』（第一四章・第一五章）、政宗周辺の動静を記す「日記」（『引証記』）とも大筋のところで一致しているとみることができる。すなわち寿庵が使節派遣事業に直接関わっていたからこそ、ソテロらと政宗をめぐる一連の経緯を言上書の文面上に具体的に記することができたと考えられるのである。

仙台のキリシタン八名による言上書には、使節船に同乗してメキシコへと渡航したとされる松木忠作（まつきちゅうさく）（「真山記」『引証記』）の署判もみえる。使節船は慶長二十年閏六月（一六一五年八月）に一度日本へ戻っているから、その際に帰国してここに署判したのであろう。その意味では松木をこの件の情報源とみる余地も確かに残されるが、次にみるとおり、仙台藩領内にキリシタン禁教令を発した政宗自身が、キリシタンとして行動する寿庵の動向を大変気にかけていたこと、すなわち主君政宗との人間関係上の距離感の近さなどを勘案すると、より直接的な情報源は寿庵であったとみてよいであろう。

寿庵の追放

領内禁教後の政宗と寿庵の関係はこうである。元和六年八月（一六二〇年九月）、政宗は大使支倉らの帰国を契機に領内へ禁教令を発するが（詳細は後述）、寿庵は領内での禁教と取締りの内情を把握しながら、他領にいる神父らの動きを抑え（一六二〇年十月二十一日付けカルヴァーリョ書翰写し）、時には仙台に匿（かくま）い、殉教したキリシタンらの遺体の保護・埋葬を許し（一六二一年三月十五日付けコウロス書翰）、ローマ教皇に向けて禁教の様相を報告する返書を送る（元和七年八月十四日付け奥羽キリシタン奉答書）など、慌ただしい動きをみせていた。

そうした寿庵に対して、主君政宗は彼の奉公に大変満足していたことから当初彼がキリシタンであることを容認し、宣教師らを寿庵の家に留めないこと、何人にもキリスト教の教えを説かず決して改宗を勧めないこと、政宗が寿庵にキリスト教徒として生きるための許可を与えたことを他言しないこと、すなわち秘かにキリスト教徒として生きよという条件のもとに、政宗家臣としての立場の存続を認めようとしていたという。しかし、寿庵はアンジェリス神父とも相談してそれらの誓約を拒否し、政宗も一時立腹したものの結局そのままにしたとされる。これら一連の出来事は、元和八年八月（一六二二年十月）以前に起こっていたことであった（以上、『一六二二年度イエズス会日本年報』など）。

その後、寿庵の信仰に寛容さを示していた政宗にも変化の日がおとずれた。元和九年十二月（一六二四年一月）、政宗は重臣の石母田大膳亮宗頼に宛てて自筆の書状をしたため、できる限り棄教するよう寿庵に忠告し、もしそれを拒否すれば領内から追放すると命じたのである。石母田宗頼は近隣の領主らとともに説得を続け激しく棄教を迫ったが、寿庵はこれも拒否して盛岡藩領へと追放された。その様子は非常に楽しげであったとされている（以上、『一六二四年度イエズス会日本年報』、「仙台吉利支丹文書」）。当時、石母田宗頼は見分にも程近い水沢城（岩手県奥州市水沢）の城主であった。またプロローグでも述べたとおり、石母田家には『南蛮へ之御案文』や「仙台吉利支丹文書」などの史料が伝えられており、仙台藩のキリシタン政策に深く関わる立場にあったことが知られる。寿庵と大変親しい間柄にあったことをうかがわせる記録もある（『一六二四年度イエズス会日本年報』）。政宗はこのような関係にある石母田宗頼を通じて説得工作を図っており、当初の寛容さともあわせて、寿庵を失うまいと気にかける態度がうかがえるのである。

寿庵の役割

以上から、寿庵が使節派遣事業全般の担当者としてそれらの情報を把握し、ソテロと主君政宗の取次役を担っていたというアンジェリス書翰の骨子自体は認めてよいように思われる。しかも、慶長遣欧使節の派遣には、ソテロの動向や国外からのフランシスコ会伴天連衆の派遣要請といった、キリスト教をめぐる事案が大変重要な要素になっていた。この点を考えあわせると、キリシタン家臣寿庵がこの事業と伊達家中で果たした役割は決して小さくなかったと思われるのである。これら一連の出来事は、ソテロの仙台来訪頃から慶長遣欧使節の出帆以前、すなわち慶長十六年（一六一一）十月頃から慶長十八年九月以前に起こったことになり、実はこれが確実な史料のうえで寿庵の足跡が確認できる最初の動きとなる。

仙台藩領内におけるキリシタンの代表者・指導者的な立場にいた後藤寿庵は、使節派遣事業全般の担当者として、そしてソテロと主君政宗の取次役として大きな役割を担い、造船・艤装・大使の人選といった情報を把握していたのである。その意味で彼は、政宗・ソテロ・支倉六右衛門らと並んで慶長遣欧使節に関わる立役者の一人であり、仙台藩政のなかで政宗の国際外交を担う家臣の一人であった、と理解されるのである（大澤二〇一五、佐々木徹二〇一七）。

以上のように政宗は、自らが目指す国際外交を実現するべく、伊達家中から有力なキリシタン家臣である後藤寿庵を登用し、使節派遣事業を推し進めていったのである。

大使支倉のキャリア

支倉家の由緒

江戸時代中期以降に支倉家で作成された二種の家譜（『平姓伊藤一家支倉氏系図』『支倉家家譜書出』）によれば、支倉家は鎌倉時代頃から伊達家に仕えた譜代の家臣と伝えられている。家祖は、常陸国の伊藤壱岐守常久なる人物であったとされる（別図参照）。源頼朝（鎌倉幕府）の軍勢と平泉藤原氏の軍勢が戦った文治五年（一一八九）奥州合戦において、頼朝方に与した伊達念西（朝宗）・宗村父子に従軍し、先陣を命じられて大きな戦功をあげ、その褒美として伊達宗村から信夫郡山口村（福島市山口）・伊達郡梁川村（福島県伊達市梁川町梁川）・柴田郡支倉村（宮城県川崎町支倉）に五〇〇余町の所領を与えられ、支倉村に居住したとされる。そして常久の子息である久成（はじめ常成）の代に、主君伊達義広の命によって居住地の名をとって支倉へと改姓した

図12　支倉家の系譜（『平姓伊藤一家支倉氏系図』『支倉家家譜書出』をもとに作成）

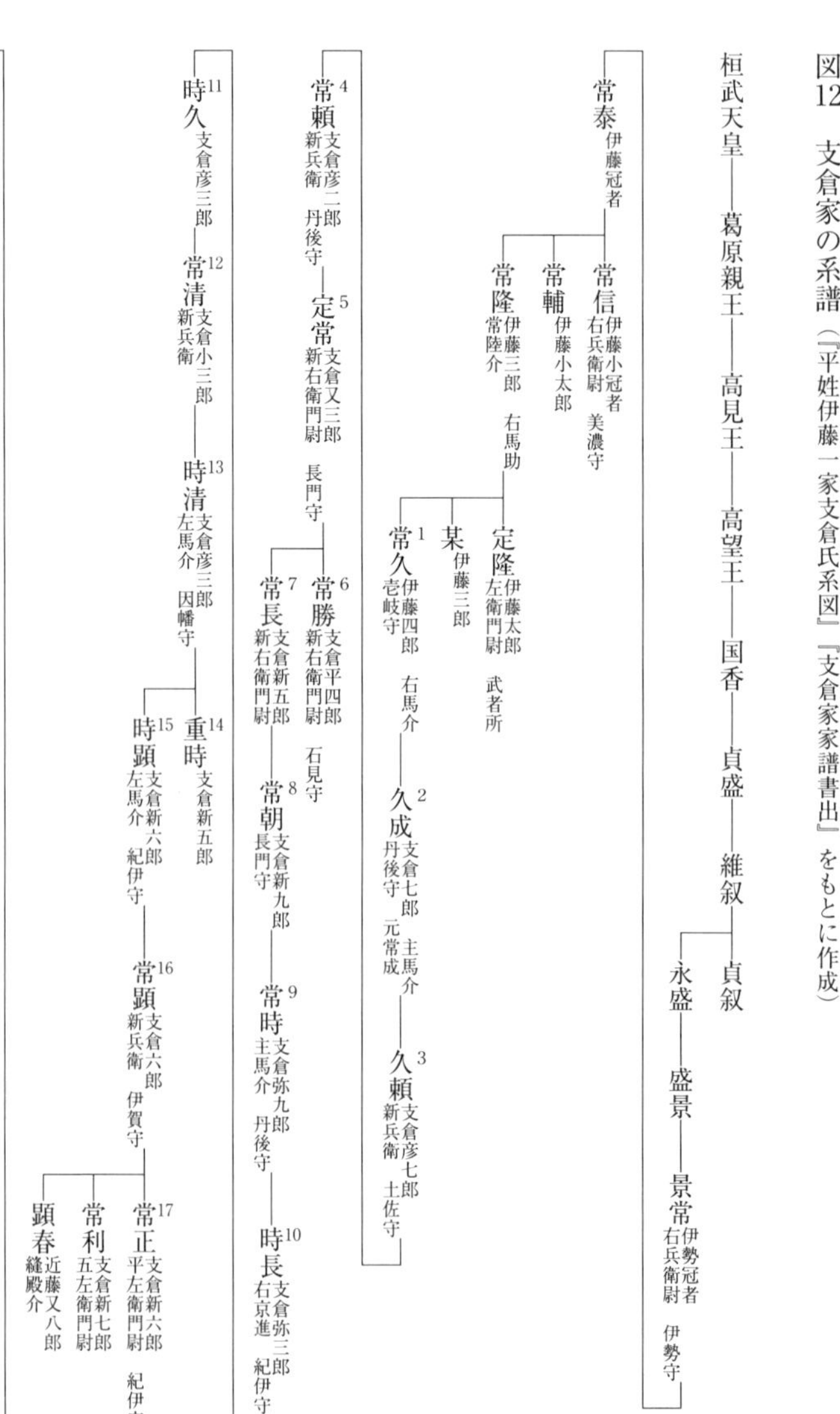

- 常豊 支倉新四郎
  - 時正[18] 支倉正五郎 紀伊守 元常国 新右衛門
    - 某[19] 助次郎 紀伊守
      - 某[20] 五兵衛
      - 某[21] 勘十郎
        - 久常[22] 三郎兵衛 与惣左衛門 ― 京常[23] 喜太夫 ― 敷常[24] 権太夫 ― 直清[25] 源太夫 東吾 右仲 ― 某[26] 卯源太
    - 常次 新右衛門 ― 常時 三右衛門 ― 常雄 源太左衛門 ― 常従 新右衛門 ― 常信 源太左衛門 ― 定刑 甚太夫 ― 定可 右門
  - 常成 支倉新六郎 平右衛門尉 飛驒守
    - 常長 支倉与市 六右衛門 五郎左衛門
      - 常頼 支倉勘三郎 六右衛門 ― 常信 童名丹後 支倉丹助 又兵衛 元常行 ― 常角 幼名藤五郎 又兵衛 ― 盛清 仙右衛門 ― 清風 六右衛門 ― 清隆 内蔵之丞 ― 清次 六右衛門 ― 清成 金治 ― 清延 保三郎
      - 常道 支倉権四郎
  - 常祐 支倉新七郎
  - 常弘 支倉新九郎

※支倉家の家祖とされる常久以降、嫡流の家督には算用数字で世代数を入れた。各当主の兄弟・姉妹は一部省略している場合がある。

という。

伊達政宗により海外へ派遣されることになる支倉六右衛門は、前述の二種の家譜によれば初代常久から数えて一八代目の紀伊守時正（はじめ常国）の甥にあたる。父が伊達輝宗（政宗の父）の近臣であった飛驒守常成（時正の弟）、母が近藤縫殿助顕春の娘とされる。はじめは与市、のちに五郎左衛門、そして六右衛門と名乗ったといい、実名を常長といった。天正五年（一五七七）三月、伯父の時正に男子がいなかったことからその養子となり、文禄元年（一五九二）には豊臣秀吉の朝鮮出兵に従軍した主君政宗とともに渡海した。その際の軍功により帰国後には加恩地として胆沢郡小山村（岩手県奥州市胆沢小山）と加美郡一関村（宮城県加美郡色麻町一の関）の村内にそれぞれ領地を賜ったという。慶長五年（一六〇〇）には時正に実子助次郎（のち紀伊守）が誕生したため、時正は君命によって知行高一二〇貫文を二分して六〇貫文を六右衛門に与えて分家させ、慶長十八年には政宗の御意により南蛮国へ渡海、同国の帝王に拝謁して元和六年（一六二〇）に帰国し、元和八年七月一日、五二歳で死去したという。

支倉家の家譜

これらの内容を記す二種の家譜とは、いずれも嫡流の紀伊守家の子孫のもとに伝来し、現在は仙台市博物館に所蔵されている。『平姓伊藤一家支倉氏系図』は、桓武天皇から始まり、時正・常成以降は常長に始まる支倉六右衛門家の家筋だけとなって終わる家譜である。もう一つの『支倉家家譜書出』は常久から始まり、六右衛門家だけでなく、嫡流の紀伊守（助次郎）の家筋、その弟の新右衛門常次の家筋も記された家譜である。

前者は、その筆跡などから、大使支倉六右衛門のひ孫にあたる常角が当主だった貞享二年（一六八五）から正徳五年（一七一五）頃に一度まとめて作成され、以後の世代が戦前頃に再び一筆で記された家譜と推定される。後者は奥書から安永二年（一七七三）の成立

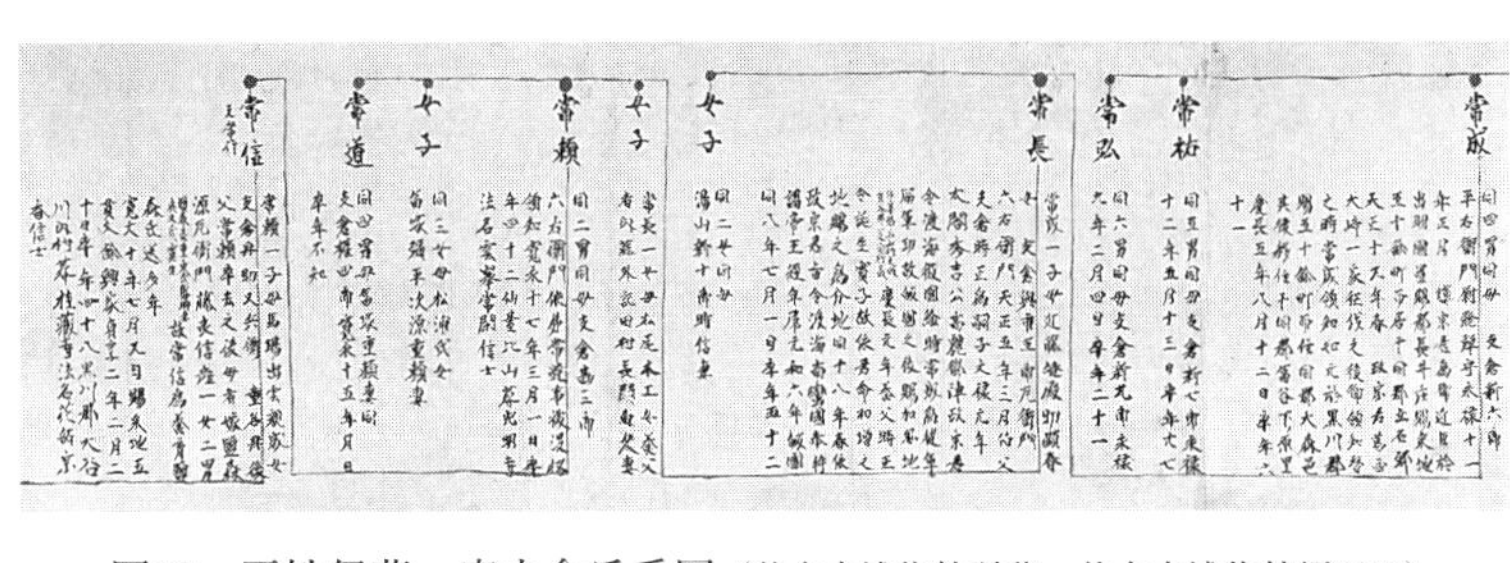

図13　平姓伊藤一家支倉氏系図（仙台市博物館所蔵，仙台市博物館編2013）

とわかり、筆跡も全体がほぼ同一である。六右衛門家の子孫のもとに伝来した詳細な家譜類（「支倉家資料」）もあるが、それらを含めても前者が最も古く、後者がその次に古いものである。

記述内容は、後者の方がより詳細なものの、主要な部分は概ね類似している。ただし、前者には各人の母親や女子の嫁ぎ先が示され、後者にはほとんどそれがないという特徴がある。プロローグで紹介した『伊達世臣家譜』の支倉家の家譜は、嫡流の紀伊守家から仙台藩へ提出されたもののみ収められているが、内容的にみてこの二種の家譜を下敷きにしたものであろう。これらの家譜類は、従来の研究の多くが支倉家の由緒や大使支倉の経歴などを叙述する際に依拠してきたものでもある。

しかし、これら家譜類での記述がすべて支倉家で代々受け継がれてきた伝承なのかというと、必ずしもそうとは言い切れない。支倉紀伊守家から仙台藩へ提出された延宝五年（一六七七）「長谷（ママ）倉新兵衛知行由緒書」（『侍衆御知行被下置御牒』）には次のようにある。

> 拙者（長谷倉新兵衛）の先祖は御譜代と申し伝えているが、伊達家の誰の世代に召し出されたのかわからない。また何代以前になるかわからないが、先祖に「伊藤壱岐」と申す者がおり、「長谷倉村」に指し置かれ、それより名字を「長谷倉」にするよう命じられたと伝えている。壱岐から何代以後になるかわからないが、拙者の「高祖父同氏新兵衛」が伊達稙宗様（政宗の曽祖父）から与えられた知行加増の御書をはじめ、晴宗様（政宗の祖父）・輝宗様・政宗様からの御書も数通所持している。（後略）

ここでいう高祖父の新兵衛は前述の二種の家譜でいう常顕を指すようであるが、つまり二種の家譜以前の段階では、支倉家の家祖とみられる伊藤壱岐から高祖父新兵衛までの世代は、どうやら明確には伝わっていなかったようなのである。

事情は支倉六右衛門家でも同様であった。同家から仙台藩へ提出された延宝五年「支倉又兵衛知行由緒書」（『侍衆御知行被下置御牒』）には次のようにある。

> 私（支倉又兵衛）の家は御譜代であり、頼朝公の奥州御発向で伊達宗村父子様が佐藤庄司の守る石那坂陣（福島市）を攻め破った折り、「先祖伊藤壱岐」に武忠があったため「伊達郡（ママ）支倉・山口両所」を拝領し、名字を「支倉」と改め、代々御奉公してきたと伝えているが、壱岐から「祖父支倉六右衛門」まで何代相続し、何貫文知行を拝領してきたのかは伝え聞いていない。（後略）

やはり前述の二種の家譜が作成される以前においては、家祖伊藤壱岐からしばらく続く世代がいずれも明確でなかったことがわかる。逆にいえば、それ以後の世代には何らかの情報があったとみられるが、いずれにせよ明確でなかった世代がどのような情報をもとに具体化されてくるのかは現時点では不明である。

往々にして家譜・系図類は虚実が混在し、創作や誇張、独自の解釈、記憶違いなどが含み込まれるものである。そこで以下、これらの家譜類と同時代史料との整合性を考慮しつつ、大使支倉六右衛門の経歴を改めて整理してみたい。

生没年と通称

一六一五年十月三十一日付けのローマ駐在ヴェネツィア大使書翰（ヴェネツィア国立文書館所蔵）に「（大使支倉の）年齢は四十六歳」とあることによれば、彼が生まれた年は一五七〇年、すなわち元亀元年である。同じ一六一五年段階の伊達政宗の年齢が「（彼は）熟年を迎え、四十九歳になる」と記録され（『使節記』第二九章）、これが当時の政宗の年齢と一致していることから、海外において当時の彼らの数え年が使節側から伝えられていたことは確実であろう。

没年については、一六二一年（元和七年）には病没していたとされ（一六二二年三月五日付けイエズス会士フランシスコ・パシェコ書翰、一六二四年一月二十日付けソテロ書翰）、これに従えば帰国から一年後には亡くなっていたことになる。そのため、実際の没年は家譜類

図14　「支倉常長像」（1615年頃，クロード・デリュエ筆，仙台市博物館所蔵，仙台市博物館編2013）

と一年のズレがあった可能性が高いと指摘されている（五野井二〇〇三）。これを元亀元年から換算すると享年五二となる。

生没年を示す欧文史料がいずれも同時代史料であり、没年に関しては対立するイエズス会・フランシスコ会ともに同じ情報を伝えていることを勘案すると、彼の生没年は元亀元年から元和七年、享年は五二とみて間違いない。従って、二種の家譜でいう没年は一年遅くなっているが、享年は合致しているというのが実情といえよう。

また生誕地については、二種の家譜によれば、父常成が永禄十一年（一五六八）、つまり六右衛門が生まれる二年前に「出羽国置賜郡長井庄」に領地五十余町を賜って立石村（山形県米沢市立石）に居住したというから、これに従えば六右衛門も同地で生を受けたことになる。しかし、それを裏づける史料が現在のところまったく見出せず、可否の判断が難しい。現状ではグレーゾーンにあるといわざるを得ない。

通称は、前述のように二種の家譜によれば、はじめは与市、そして五郎左衛門、最後に六右衛門と名乗ったと記され、彼が順次改名したことを示している。海外に残される史料においてはすべて「支倉六右衛門（尉）」と記されることから、彼が六右衛門という通称を用いていたことは間違いないが、与市と五郎左衛門については実は検討の余地がある。使節出立以前の支倉与市・支倉五郎左衛門・支倉六右衛門に関する同時代史料（それに準じる史料も含む）を年次順に並べて通覧すると、支倉五郎左衛門→六右衛門→五郎左衛門→六右衛門→五郎左衛門→与市→六右衛門→五郎左衛門→六右衛門となり、順次改名したとする二種の家譜の記述とはまったく齟齬を来すのである。確かに一人の武士が複数の名乗りを有することはあるものの、ここまで行き帰りするのはいささか不自然な感があり、しかも家譜の記述をもとに同時代史料の内容を解釈しようとすると不整合が甚だしくなるケースも確認される。従って、支倉与市・支倉五郎左衛門・支倉六右衛門はそれぞれ別の人物とみるのが妥当だと考え得るのである（佐々木徹二〇一四）。

大使支倉の実名

支倉六右衛門の実名もまた、江戸時代中期以降に成立した前述の二種の家譜にみえるとおり、これまで「常長」と呼び習わすことが一般的であった。ところが、海外でしたためられた彼の書状類にはすべて「長経」と署名され、

「常長」とは一つも出てこないことが知られている。

　現在確認される大使支倉の日本語文の署名は全部で七例である。これらは、本文・署名など、すべて日本語文で記された支倉書状三点にみえるほか、本文は外国語でありながら署名だけが日本語で記されている文書四点にも確認される。それらが記された時期と場所は、一六一四年九月、大西洋横断中の使節一行が乗船する聖ヨセフ号の船上で二例（ともにスペイン国王の側近レルマ公宛て）、一六一六年一月のローマ滞在中（ヴェネツィア共和国総督宛て）、同年二月の復路のジェノヴァ（ヴェネツィア元老院宛て）、一六一七年四月のセビリア近郊（スペイン国王宛て）、同年十一月頃のメキシコ市（副王宛て）、一六一八年八月のルソン島（子息勘三郎宛て）で各一例である。一六一五年二月に彼がマドリードで洗礼を受けてからは、洗礼名を含んで「とんひりへいて（ドン・フエリーペ）」「ふらいせすこ（フランシスコ）」と記す例もみえるが、この七例すべてに「支倉六右衛門（尉）長経」と記されているのである。

　このように、海外を旅する支倉本人は往路・復路ともに「長経」を名乗っており、それが彼の実名であったことは疑いようがない。それでは「常長」の名はどこからきたのか。これについては、後世の創作とみる見解と、支倉が生きた当時から「常長」と名乗っていたとする見解がある。前者では、先祖にキリシタンがいた同家が系図作成時に虚構あるいは偽名を混じえたとする松田毅一氏の見方（松田一九八七）などがある。ただし、支倉家では家譜の作成・提出にあたって必ずしも先祖にキリシタンがいた事実を伏せていない（「支倉又兵衛知行由緒書」）。そのためこうした論拠には賛同しかねるが、この実名が後世に創作された可能性はなお残されていよう。

後者については、大槻文彦が明治四十五年（一九一二）に記した『金城秘韞補遺』（大槻茂雄編一九一四）において、子細あって旅行中に「常長」を転倒させて「長経」と書いたものかと指摘しているほか、実父の罪に連座して家中追放された折りに「常長」から「長経」に変え、帰国後まで使い続けたのではないかとする小林清治氏の指摘がある。伊達稙宗・晴宗父子を中心に争った天文の大乱（一五四二〜四八）に際して、稙宗・晴宗双方から知行の加増・安堵などの文書を発給されている柴田郡支倉の「支倉新右兵衛忠常」（『伊達正統世次考』巻九上・下）が実名に「常」の字を使用していること、前述の二種の家譜などで「常」の字が支倉家の通字の観を呈し、仮に「常長」以前の実名を疑ったとしても、特に「常長」の二子である常頼・常道が「常」の字を用いて「長」「経」の二字をまったくとっていないことから、「常長」という実名についても否定することは困難である、とする判断からである（小林一九七五・一九八七）。また五野井隆史氏は、古来使者が実名の使用を避けて名を変えている事例にならって、使節派遣時に「長経」を用いたのではないかと指摘している（五野井二〇〇三）。

右の「忠常」という実名が二種の家譜にみえず、かつ知行安堵状などの宛所には通常実名が入らないため、この名がどこに由来するのかわからないという憾みはあるものの、前述のように紀伊守家では新兵衛（常顕）以降、六右衛門家では大使支倉以降についての何らかの家の情報を持っており、そこに実名の情報が含まれていた可能性もある。つまり、「常」の字が戦国時代の支倉家の通字・系字としてあり得た点からすれば、確かに「常長」という実名も一概には否定し難いように思われる。

「常長」という実名が家譜作成時の創作か、大使支倉が生きた当時から名乗っていたのか、後者の場合でもいつ頃から名乗ったのか。現時点ではいずれも決め手となる判断材料に乏しく、今後の研究の進展を俟つほかない。

所領と知行高

支倉六右衛門は、知行高約六〇貫文の中級家臣であった。支倉六右衛門に宛てられた慶長十三年（一六〇八）十月二十二日付けの知行割目録（「支倉家資料」）によれば、本知行（本領）として胆沢郡（下伊沢）の小山村に五二貫四六〇文、山家清兵衛の上地として加美郡一関に七貫七八三文、都合六〇貫二四三文の知行が与えられている。仙台藩の寛永検地以前の換算率である一貫＝一二石で計算すると、約七二〇石となる。

仙台藩では、慶長十三年九月から十二月にかけて、政宗の命によって伊達家中の知行割を調査・確定させる作業が行われている。総奉行に鈴木和泉守重信・奥山出羽守兼清、算用頭に大町刑部義頼・山家清兵衛公頼・永沼作左衛門・塚本茂助・生江太郎兵衛・山路藤兵衛の六人があてられている（『貞山公治家記録』）。従って、支倉六右衛門宛てのこの知行割目録とは、これら一連の作業の過程で発給されたものということができる。本文書の事実上の発給者に鈴木・奥山両名の名前がみえているのも、そのためである。

　また山家清兵衛の上地とは、藩にいったん収公された算用頭の山家公頼の知行のうちから、支倉六右衛門へ割き与えられた知行分であることを意味している。これが慶長十三年の知行割作業の際に新たに与えられたものなのかどうかは不明である。

　こうした所領と知行高については、胆沢郡小山村内と加美郡一関村内にそれぞれ知行地をもっていた点は前述の二種の家譜と一致しているが、それらを朝鮮出兵の際の軍功として帰国後に加恩地として賜ったとする点は裏づける史料がない。ただし、前述の「長谷倉新兵衛知行由緒書」には、叔父の紀伊守（時正）に実子がいなかったためにその養子となり、実子助次郎が生まれたことで六右衛門に六〇貫文を分与したいと政宗に申し上げ、願いのとおりに仰せつけられたとする記述があり、これは紀伊守家に伝えられてきた経緯として貴重な情報であろう（ただし天正五年〈一五七七〉・慶長五年という年次の記載はみえない）。叔父から分与された知行地がどこだったのか、入嗣・分家の年次は実際いつだったのかなどの問題は残るものの、六右衛門の入嗣・分家の経緯と六〇貫文の分与という点は認めてよいように思われる。

大使任命までの動き

天正十九年（一五九一）正月、政宗は葛西・大崎一揆の扇動の嫌疑を晴らそうと初上洛するが、それに同行した家臣一三八名の名簿に「はせくら六衛門尉」の名がみえる（「伊達家文書」）。これが同時代史料における初見である。また同年には、実父の「支倉飛驒」と「支倉六右衛門」が屋代勘解由兵衛（景頼）・山岸修理とともに桃生郡深谷（宮城県東松島市など）に派遣され、戦国大名葛西氏の旧臣ら（葛西・大崎一揆の首謀者か）を殺害したと伝える史料もある（「屋代勘解由兵衛伝」虎岩道説編『仙台人物志』所収。同書は一七世紀半ば頃から一八世紀初期頃成立）。

文禄二年（一五九三）三月、豊臣秀吉の朝鮮出兵のため渡海した政宗の軍勢のなかに、御手明衆二〇名の一人として「支倉六右衛門」が随行している（『貞山公治家記録』文禄元年正月五日条）。御手明衆とは、特定の役割はないが、時と場合に応じて様々な役割が与えられる者を指すのであろう。また、文禄二年から慶長五年（一六〇〇）頃作成と推定される政宗の使番を務めた五六名の名簿中にも、「支倉六右衛門尉」の名がみえる（「伊達家文書」）。使番とは一般的に、主君の側近くにあって情報伝達・情報収集や家臣らの監察を役割としたとされるから、伊達家中における彼の立場を理解する好史料といえよう。

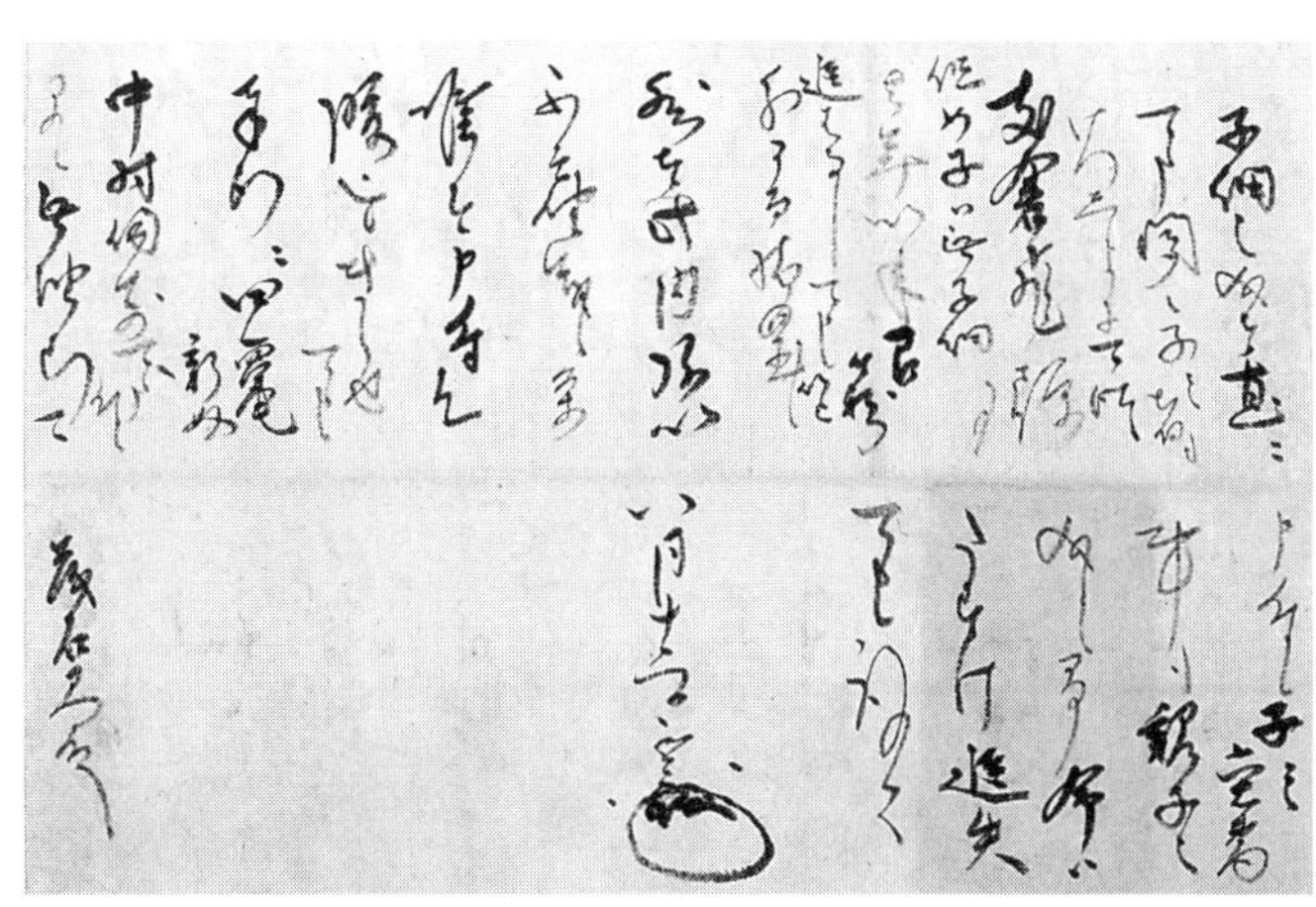

図15　支倉六右衛門の追放などを命じた伊達政宗書状（仙台市博物館所蔵，仙台市博物館編2013）

その後、使節出帆の前年にあたる慶長十七年八月頃には、「不届義」を働いた実父の支倉飛騨に切腹、子息の「六右衛門尉」に所領没収および家中追放を命じた、重臣の茂庭石見守綱元宛て伊達政宗書状（仙台市博物館所蔵）が出されている。前述のとおりイエズス会士アンジェリスは、後藤寿庵から聞いた内容として、彼の父の罪状を「（政宗の資産に関する）いくつかの詐欺」と記し、さらに政宗はこの時、六右衛門も斬首にするつもりであったが、彼が旅の途中で死んで二度と日本に戻ることはないだろうと考えて彼の死刑を大使の職に代え、少し以前に彼から取り上げたわずかばかりの知行を彼に返還した、と述べている。これによれば彼は、家中への復帰と引き換えに大使に抜擢されたということになる。

元和八年（一六二二）二月の記録には、伊達氏の江戸中屋敷（なかやしき）に勤める家臣のなかに大使支倉の子息である「支倉勘三郎」（常頼）の名がみえ、そこに「六拾貫」と併記されている（「御中屋敷御長屋之積状写」『引証記』）。これは家中への復帰を果たした支倉六右衛門が、追放以前の知行高六〇貫文をそのまま返還されて渡海・帰国したことで、勘三郎が父の死の翌年には家督を継ぎ、六〇貫文の知行もそのまま引き継いでいたことを示しており、アンジェリス書翰の記述の一部を裏づけている。

なぜ大使に任命されたか

海外の記録によれば、大使支倉六右衛門の人物評は、ソテロとは対照的にきわめて高い。たとえばスペインでは、「この人物は思慮深く、すべての面で大変よく気配りされている」（一六一四年十一月一日付けセビリア市長書翰）、あるいは「彼は見識もあり、落ち着いていて話術に優れ、謙虚な人物と思われた」（一六一四年十一月四日付けセビリア市商業会議所長書翰）、「彼は誠実で尊敬できる人物であり、人柄も賞賛を受けるに値し、当地でうまく振る舞っている」（一六一五年八月一日付けスペイン国王書翰）などと記されている。またローマにおいても、「もし通訳の修道士（ソテロ）が嘘を言っていなければ、彼はその話からして賢明で思慮深い考えをもった人物であると思われる」（一六一五年十二月二十六日付けローマ駐在ヴェネツィア大使書翰）と記されている。つまり海外において彼は、落ち着きと謙虚さ、誠実さをもち、気配りができ、話術に優れて交渉能力があり、賢明で思慮深く、見識を備えた人物などとみられていたようなのである。

中級家臣であった支倉が、ヨーロッパへの使節派遣という一大事業の大使に任命されたのはなぜであろうか。それは、以上の彼の経歴や人物像から次の三点にまとめることができる（佐藤憲一 二〇一〇）。

①政宗の側近くで情報伝達・情報収集などを職務とする家臣（使番）として重用されていた。

②朝鮮出兵に随行し、異国への渡海および往来を経験していた。

③実父の罪に連座して所領没収・家中追放の憂き目に遭っていた支倉六右衛門の資質を惜しんで、政宗が復権の機会を与えようとした。

これら複数の要素が交じり合ったところに、支倉の名が浮上したのであろう。

諸説ある使節派遣の目的

政宗に真の意図あり

政宗による使節派遣の目的については、政宗親書案などにみえる仙台藩領内での布教と貿易の背景に「政宗の真の意図」を読み取ろうとする見解がこれまでにいくつか提示されてきた。その代表的な見解が、①南蛮国を攻略する、あるいは南蛮人を征伐するために使節を派遣したとする南蛮征服説、②スペインと軍事同盟を結ぶために使節を派遣し、また国内の大勢のキリシタンらと協力して江戸幕府を攻め取ろうとしたとする江戸幕府転覆説、③慶長十六年十月（一六一一年十二月）に仙台藩を襲った地震・津波からの復興のため使節を派遣したとする震災復興説である。

①は、政宗が「かつて南蛮を征せんと欲する時」につくったとされる漢詩に基づき、すでに一七世紀半ば以降の仙台藩の記録などにみえる考え方である。つまり、江戸時代以来

唱えられてきた説といえよう。

②は、明治・大正時代の西洋史学者である箕作元八に始まる見解であり、その後、一九九〇年代になって大泉光一氏が新たな史料で補強しながら継承・発展させ、近年まで主唱している説である。刺激的で人目をひきやすい内容であるために、雑誌やテレビなどでもたびたび取り上げられてきた説でもある。

③は、平成二十三年（二〇一一）三月十一日の東日本大震災直後に提起された見解である。「東日本大震災後の東北地方（太平洋側）の復興」という状況と軌を一にし、きわめて時宜を得たものであったために、これもまた新聞・テレビ・雑誌などで頻繁に取り上げられてきた説である。

南蛮征服説

南蛮征服説のもととなった政宗自作とされる漢詩（七言絶句）は、次のようなものである。

かつて南蛮を征せんと欲する時　この詩を作る

邪法　邦(くに)を迷わし　唱えて終(や)まず
蛮国を征せんと欲して　未だ功を成さず
図南(となん)の鵬翼(ほうよく)　何れの時にか奮わん
久しく待つ　扶揺万里(ふようばんり)の風

この漢詩は、仙台藩の儒学者・内藤以貫が寛文四年（一六六四）以前に藩命によって編んだと推定される伊達政宗の年譜『伊達譜』（「伊達家文書」など）をはじめ、仙台藩の正史として政宗の事績をまとめた『貞山公治家記録』など、一七世紀半ば以降の仙台藩の記録にたびたび収録されている。邪法（キリスト教）が日本の国を迷わし、唱え広めて止まない。そこで南蛮国を征伐しようと思っているが、いまだ手柄を立てかねている。南冥（南方の大海）を目指して翼を広げ飛び立つ鵬のように、いつその翼を羽ばたかせることができようか。永い間、万里を上るつむじ風が起こることを待っているのに、といった意味である（島森二〇一三・二〇一四）。

さらに右の記録には、この漢詩にも関わる次のような説明がしばしば見受けられる。

> 政宗公は国内に広まるその邪法を深く悪み、彼らが邪魔者であると考え、将軍の命を受けて南蛮を征伐するため、まずは支倉六右衛門らを派遣して国の風俗などを偵察させた。その結果、国土は広大だが「風気俗習」は甚だ柔弱であることを確認して征伐の願いを強くしたが、ちょうど幕府による切支丹禁制が厳重になり、邪法であることを人びとが知ってその宗門に入る者がいなくなったため「征蛮之挙」を取り止めた。

つまり慶長遣欧使節は、好機をみて将軍の命を受け南蛮を征伐するための、事前の敵状視察だったというのである。

しかしこの言説は、政宗の死後、幕府によるキリシタンの取締りが厳しさを増すなかで、藩祖政宗とキリスト教の関係を切り離すため、仙台藩側が漢詩とともに創り出した弁解的な説明に過ぎないと考えられている（小倉一九三八）。また、禁教下においてソテロの勧めでヨーロッパへ支倉らを派遣した状況のなかで、幕府から疑われることを恐れて、政宗が意図的につくった漢詩ではないか、とみる向きもある（島森二〇一三）。

作詩の時期が明確でないため、この漢詩の制作者を藩とみるか政宗本人とみるかは解釈の分かれるところだが、この漢詩が『伊達譜』のなかで元和七年（一六二一）の項目に位置づけられていることは注意を要する。というのは、その前年に政宗は、使節一行の帰国を受けて領内でのキリスト教の布教を黙認するそれまでの立場を翻し、キリシタンの取締りを命じているからである（詳細は後述）。仮にこの漢詩が政宗のつくったものだとしても、それは同年以降のことと考えられていた可能性もあり、そうだとすれば、やはりキリスト教に対する政宗の立場の変化を考慮して解釈する必要があろう。

いずれにせよ、南蛮国を攻略するという漢詩とその説明の意趣自体、額面どおりには受け取れないように思われる。なお、この漢詩に依拠した論説ではないが、政宗使節は実は幕府の了解のもと、日本の侵略（植民地化）を目論んだ西洋諸国の実情を知るため、その実態調査・偵察に向かった面があったとする見解もある（田中二〇〇七）。南蛮征服説でいう敵状視察の趣旨とはベクトルが逆の見方だが、明確な論拠もなく支持しがたい。

これは前述のとおり、政宗がスペインと軍事同盟を結ぶために使節を派遣し、また日本国内の大勢のキリシタンらと協力して江戸幕府を攻め取ろうとした、とする説である。

江戸幕府転覆説

その端緒を成す箕作元八の見解は、政宗の目的が徳川家と同様にスペインとの通商の開始にあり、宗教的な動機はそれに付随した二次的なものであるとしたうえで、それ以外に政宗は日本のキリスト教徒・スペイン国王・ローマ教皇の保護によって「全日本を掌握せん」とする野心を抱いていた、とするものである。しかも強大な軍事力を有するスペインとの親交を前提として、いかなる迫害にも屈しない剛勇なキリスト教徒との同盟とその助力に期待を寄せていたのではないか、とも述べている。

その論拠には海外に残された史料をいくつかあげ、次のように指摘している。①大使支倉がスペイン国王に謁見した際、「主君政宗は自身の身体・領国ならびに一切のものを陛下の保護の下に置き、親誼と忠勤を捧げたいと希望している」という政宗親書にみられない内容を言上しており、政宗は真意を紙上に表さず口頭で述べさせていたと考えられること。②ソテロがローマ教皇に謁見した際、「かの王（政宗）が今後遠からず一層高き王冠（将軍職）を戴くことになった時には、自らローマ教会のキリスト教信者となり、他のすべての人びとも改宗させるつもりである」と発言したとヴェネツィア大使が伝え聞き、本国へ報告していたこと。③しかも使節一行にいた日本人キリシタン三人（トマス滝野・ペドロ伊丹・フランシスコ野間）が「王（政宗）ができうる限り早く皇帝（将軍）になることを期待している」などと記した願書をソテロの指導のもとに準備・持参し、ローマ教皇へ報告しており、日本のキリシタンから将軍になることを期待され、また政宗もそれを望んでいたと考えられること、などである。

さらに、その政宗の計画はソテロも十分に相談を受けており、むしろソテロこそ「この度の遣使の張本人」であったかもしれないと主張する。というのは、ソテロはそれまでイエズス会から一名のみ任命されていたキリスト教界の「日本に於ける最高僧の位」（当時長崎に置かれていた日本司教座）を望んで、政宗や日本のキリシタンらを誘ってその地位に就こうとし、政宗が全国を掌握すれば、ソテロは「帝国第一の高僧として又帝王と協力したる元老」として大きな権力を手中にできたからだと述べるのである（以上、箕作一九〇一）。

その後、同説には高橋富雄氏も同調しているが（高橋富雄一九七五・一九八七）、こうした見解に新たな史料を加えて発展させたのが大泉光一氏である。基本的な論旨および立論方法は箕作氏と大変よく似ているものの、大泉氏が新たに注目した核となる史料が、日本使節の請願に対するローマ教皇の回答（小勅書、ヴァチカン秘密文書館所蔵）である。

この回答には、政宗を「カトリック王（キリスト教徒の王）」に叙任して司教任命権を付与し、さらに「カトリック騎士団（キリスト教徒の騎士団）」の創設を認めてほしいとする使節の請願が含まれ、それらが政宗親書などの書面にはみられない、使節が内密に口頭で請願した内容であることから、これこそが政宗の野心の核心部分であり、スペインでも口にされなかったローマ教皇への「秘中の秘」であったとする。そして政宗は、ローマ教皇の力を借りてスペインと軍事同盟を結び、「カトリック王」と「カトリック騎士団」のもとに日本の大勢のキリシタンを糾合して幕府を倒し、日本を「カトリック王国」にするという幕府転覆計画を考えていたと結論づけている。

そのほかにも、使節一行を二段階に分けたのは江戸幕府・仙台藩合同の「訪墨通商使節団」を隠れ蓑にして右のような幕府転覆計画を図る「訪欧使節団」を派遣するためであり、のちに家康や秀忠が政宗の使節に謀反の疑念を抱いていたとされる（一六二〇年十二月十日付けアンジェリス書翰）のはそのためであったなど、独自の見解を示している。結果的にローマ教皇庁には、政宗がいまだキリシタンでないことを理由に協議すらできないと拒否され、「政宗の陰謀」は露と消えることになったが、以上の経緯からも箕作論考は再評価が必要であるとも述べている（以上、大泉一九九八・二〇一七bなど）。

箕作以来の江戸幕府転覆説については、松田毅一氏（松田一九八七）や小林清治氏（小林一九八七）、『仙台市史　特別編・慶長遣欧使節』「総説」（濱田二〇一〇a）での否定的な意見があるほか、近年、特に平川新氏が大泉氏の議論についてその論拠を具体的に批判している（平川二〇一八a・b）。

政宗の陰謀か ソテロの思惑か

軍事同盟などに関わる史料が当時のスペイン政府側に一切残されておらず、当事者に事前の相談もなしに軍事同盟を結ぼうとする理解はきわめて不可解なこと、また政宗を「カトリック王」に叙任することなどをローマ教皇へ請願し、大勢のキリシタンらと倒幕を図ろうとしたとする使節の言動は、政宗の意思ではなくソテロの画策であったこと、秀忠らが政宗の使節に謀反の疑いを懸けていたとしても、それは政宗に謀反の意思があったことにはならないなどと指摘されており、いずれも傾聴すべき意見と思われる。

確かに、そうした言動が政宗の意思から出た、あるいはそれを政宗が認めていたといえる史料はまったくない。しかも、使節一行を先導し、外国語が話せない大使支倉に代わって通訳を務めたソテロが、思うように外交交渉の進展しない状況下でその言動に潤色の度合いを増加させていることは、使節らの海外での交渉過程からみて明らかである（詳細は後述）。前述のとおり、特にローマ教皇に対する具体的な請願内容は相当程度ソテロに任されていた。また、ソテロは日本司教の座に就こうと画策していたなどと非難され、海外での彼の人物評もあまり芳しくなく、傲慢で分別や落ち着きがなく、その不必要な言動からスペインでは信用を失っている、とまで評されている（一六一四年五月二十二日付け副王書翰、同年十月三十日付けインディアス顧問会議奏議、一六一六年四月十七日付けマドリード駐在教皇大使書翰など）。さらに幕府や政宗からの日本語の親書類をスペイン語などに訳出するにあたって、粉飾または改ざんしていたとも指摘されている（松田一九八七、平川二〇一八a・b）。以上からうかがえるのは、「政宗の陰謀」というよりも「ソテロの野心」、または政宗から託された外交交渉を有利に運ぼうとするソテロの熱意の表れ、あるいはその両方とみるべきであろう。

　このように南蛮征服説・江戸幕府転覆説ともに、国内外の史料に関連する記事は見出せるものの、使節派遣前後の政治的・社会的状況はもとより、政宗の立場やソテロの動きなども十分に考慮したうえで出された結論とは言い難いのである。

震災復興説　慶長十六年（一六一一）十月二十八日、三陸沖を震源とする地震・津波（以下、慶長地震・津波とする）が発生し、仙台藩をはじめ、南部氏の治める盛岡藩、相馬氏の治める中村藩など、現在の東北地方太平洋岸を中心とする諸地域を襲った。震災復興説とは、使節出帆のわずか二年前に仙台藩を襲った慶長地震・津波を受けて、その甚大な被害のなかでも政宗はひるまずに使節派遣計画を進め、海外貿易による経済活性化策を震災からの復興構想のなかに位置づけて使節を海外へと派遣したのではないか、とする見解である。その背景には、この慶長地震・津波が平成二十三年（二〇一一）三月十一日の東日本大震災における地震・津波に匹敵するという理解がある。

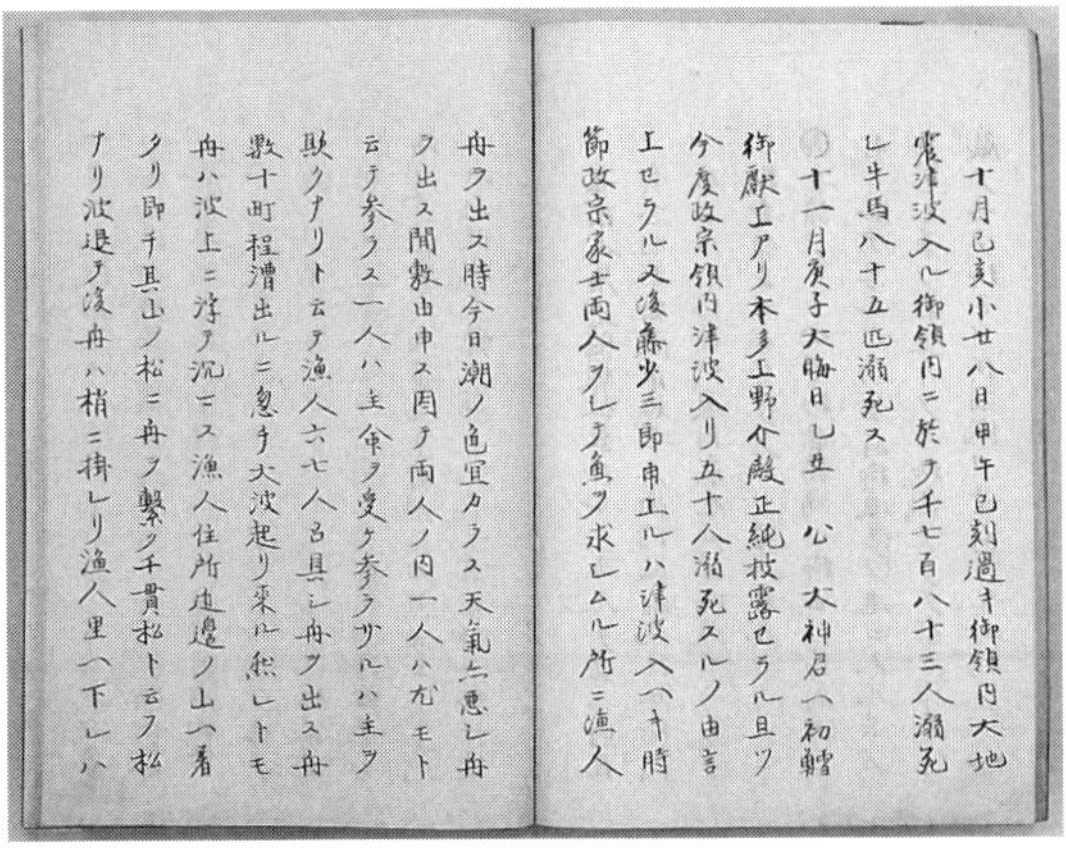
十月己亥小廿八日甲午巳刻過キ御領内大地
震津波入ル御領内ニ於テ千七百八十三人溺死
シ牛馬八十五匹溺死ス
十一月庚子大晦日己丑 公 大神君ヘ初鱈
御献上アリ本多上野介殿正純披露セラル且ツ
今度政宗領内津波入リ五十人溺死スルノ由言
上セラル其後藤少三郎申上ルハ津波入ヘキ時
節政宗家士両人ヲシテ魚ヲ求シムル所ニ漁人
舟ヲ出ス時今日潮ノ色宜カラス天気亦悪シ舟
ヲ出ス間敷由申ス因テ両人ノ内一人ハ尤モト
云テ参ラス一人ハ主命ヲ受ケ参ラサルハ主ヲ
欺クナリト云テ漁人六七人召具シ舟ヲ出ス舟
数十町程漕出ルニ忽チ大波起リ来ル然レトモ
舟ハ波上ニ浮テ沉マス漁人住所近辺ノ山ヘ着
クリ即チ其山ノ松ニ舟ヲ繋ク千貫松ト云フ松
ナリ波退テ後舟ハ梢ニ掛レリ漁人里ヘ下レハ

図16　『貞山公治家記録』巻22，慶長16年10月28日条
（仙台市博物館所蔵，仙台市博物館編2014）
冒頭に「御領内大地震，津波入ル」などとみえる．

同説は、大澤慶尋氏と濱田直嗣氏が主な論者である。大澤氏は、東日本大震災直後に自身のブログ「支倉常長の足跡を追う旅」で早くから論述し（同年四月四日付、同十二日公開）、『河北新報』（同年九月二十五日付け）の紙上でもその見解が紹介された。慶長遣欧使節の研究に長年取り組んできた濱田氏は、自身の著述（濱田二〇一二・二〇一五など）をはじめ、平成二十四年十一月に行われた二度の慶長使節四〇〇年記念シンポジウム（慶長遣欧使節船協会編『航』一・二、二〇一三年）や同氏監修「伊達政宗、慶長使節四〇〇年の謎」（『トランヴェール』二〇一一、二〇一三年）など、多くの場でこの見解を発言・展開している。大澤氏や濱田氏はさらに一歩進めて、領内での湊（石巻など）の整備や治水工事、沿岸部の新田開発、金山開発などもまた、政宗が推し進めた震災復興政策の一環であったとする議論も展開している。なお、慶長地震・津波からの震災復興政策については、仙台藩や盛岡藩を事例にした蝦名裕一氏の専論（蝦名二〇一一・二〇一四など）もある。

しかし、これには明確な反論も出されている。慶長地震をめぐる議論の問題点を取り上げた菅野正道氏は、慶長遣欧使節が震災復興の一環であるとする見解にはそれを裏づける史料的根拠がまったくないこと、また慶長地震の発生から使節の海外渡航や交易の実現、経済効果の現れまでには最低でも六〜七年という歳月を要し、もはや復旧・復興という時期を超えていることが想定され、これほど時間のかかる当時の海外貿易交渉に政宗が震災復興を当て込むかどうか、疑問を投げかけたのである。さらにこれらと関わって、政宗書状をはじめ、そもそも政宗が震災復興に取り組んだとする史料もまったくなく、新田開発も慶長十年頃からすでに始まっていること、当時の社会状況（民家が再生しやすい掘立柱式住居であったことや沿岸部の水田が塩害から回復しやすい湿田であったなど）からみて、現在ほど復旧に時間がかからないこと、そもそも慶長地震・津波の震源地や規模には異説があり、東日本大震災並みであったかについては十分な検証が得られていないこと、といった点も指摘している（菅野二〇一三a・b）。地震の規模については、東日本大震災クラスのマグニチュード九・〇であったとする研究がある一方、明治三陸地震（一八九六年）や昭和三陸地震（一九三三年）と同じマグニチュード八・一程度ではなかったかとする見解も提示されている（原田ほか二〇一九など）。

史料に立ち返る

震災復興説については、筆者も違和感を覚えてきた一人である（佐々木徹二〇一四・二〇一九）。そこで以下では、菅野氏と少し違った角度からこの見解の問題点を考えてみたい。

現状で史料的な根拠がまったくないという点については、筆者も同じ感想を抱いてきた。なぜなら、四五〇〇通を超える伊達政宗発給文書だけでなく、慶長遣欧使節に関する四〇〇件以上の文書・記録類にも震災復興説に直接関連しそうな記事が一つも見受けられないからである。もし政宗が震災復興を企図して自らの家臣である支倉六右衛門ら使節一行を海外へ外交交渉に向かわせたのなら、その外交交渉の過程において使節一行が震災復興のことに言及してもよさそうなものだが、そういった言説は現在のところ一切確認されない。

また、震災復興説の論理展開の要点は、東日本大震災に匹敵する大地震・大津波が使節出帆のわずか二年前に起きて仙台藩領内に甚大な被害をもたらしたこと、政宗が使節出帆によって目指した海外貿易が震災復興のための経済政策にも通ずることにあるが、とりわけ「わずか二年前」という点がキーポイントの一つになっている。これは言い換えれば、甚大な被害をもたらした慶長地震・津波のわずか二年後に使節が出帆したから、そこには震災復興の願いが込められているはずだ、といっていることにもなろう。

しかし、これはいかにも危うい論理である。たとえば、戦国時代から江戸時代初期の政治・社会の動向を記した『当代記』をみると、使節出帆の二年前の慶長十六年（一六一一）此秋条に「中国・四国は凶年、五畿内も宜しからず、近江より東国は豊年なり、ただし信州・下野・上野・奥州は凶なり」とする記事があり、先の論理を援用すれば、陸奥国を襲った凶作（飢饉）のわずか二年後に使節が出帆したから、そこには凶作（飢饉）という災害からの復興の願いが込められているはずだ、といった主張も可能となるからである。それらしい理由があれば、簡単に首がすげ変わってしまう論理は説得力に欠く。

時系列的な理解でもう一つあげられているのは、慶長地震・津波の発生直後に仙台へと帰着したビスカイノに対して、政宗による造船と使節派遣の構想が明らかにされたという点である。こうした経緯から、この構想の実施を決意した主な動機に慶長地震・津波が想定されるというのである。前述のとおり、この経緯は『金銀島探検報告』第八章に基づくものだが、その一方でスペイン国王宛て政宗親書案（『南蛮へ之御案文』）によれば、震災前の仙台城における会談で政宗が派遣を決意したとも解釈可能であり、現状では後者の史料が加味されずに立論されている。関係史料から総合的に判断することが求められよう。

頻発する災害のなかで

震災復興説の眼目は、この見解が東日本大震災以後に提起されたことに象徴されるように、東日本大震災と四〇〇年前の地震・津波のイメージを重ね合わせ主張している点にある。現代社会はもっと歴史から学ぶべきだ、という発想がその根底にあるものとみられる。そうした発想はもちろん重要だが、だからといって現代社会と四〇〇年前の社会を単純に重ね合わせることにはもう少し慎重であるべきだろう。この点は菅野正道氏もまた、貞観地震や慶長地震をめぐる近年の研究について、今回の東日本大震災の被害や状況からかつての地震や津波、復興といった事態を見過ぎているきらいがあり、「何でも震災に結び付ける『震災史観』と言っても良いような考えが広まりつつある」と述べ、その姿勢に警鐘を鳴らしている。

特に注意したいのは、東日本大震災以後、多くの人々の意識が地震や津波へと向かっているが、そもそも当時大きな被害をもたらした災害は地震や津波だけではない、ということである。たとえば、一〇世紀から一七世紀半ば（昌泰から慶安年間）の文書・記録類にみられる多くの天候不順・災害情報を年次順に収録した藤木久志氏の労作『日本中世気象災害史年表稿』（藤木二〇〇七）によれば、地震・津波などの震災以外にも、大風・大雨・霖雨・洪水などによる風水害、旱魃などの旱害、大雪などの雪害、不作・凶作からくる飢饉、虫害や疫病など、実に様々な災害が全国各地で頻発し、なかでも風水害や旱害、凶作・飢饉、疫病は、むしろ震災以上の頻度で起こっていることがわかる。いうまでもなく、それは伊達政宗が生きた戦国時代・江戸時代初期以前から頻発しており、かつての日本社会が「災害列島」とでも呼べるような状況にあったことまでうかがえるのである。しかも、震災による犠牲者は最大で数万人規模であるのに対し、飢饉は数十万人規模にまで達することもあり、前近代社会における最大の災害は飢饉であるともいわれる（菅野正道氏のご教示による）。

使節派遣と仙台藩の災害

前述のように、使節出帆の二年前の慶長十六年（一六一一）には凶作（飢饉）が陸奥国を襲い、これが仙台藩領をも直撃している可能性もあるし（もちろん、そうでない可能性もあるが）、その前後にも、史料的に知り得るところでは文禄四年（一五九五）八月の仙台藩領内での大洪水、慶長三年二月から四月の領内での寒気、慶長十年の領内での日照り（ただし作付けは吉）、慶長二十年（元和元年）の領内での大雪・大旱魃・飢饉、元和三年（一六一七）四月の仙台および領内郡邑での大風雨・洪水、元和六年八月の仙台での大水など、様々な天候不順や災害が確認される。ここにあげた事例は、伊達政宗治世下の天正十九年（一五九一）九月頃（岩出山城への居城の移転）以降の伊達領について、『日本中世気象災害史年表稿』に収録された記録

（『正法年譜住山記』『貞山公治家記録』『加納年代記』）をもとにたどった限られた情報であるから、さらに関連史料を精査すれば、より多くの事例が確認されるであろう。また、藩政期に宮城県域で発生した飢饉は、五年に一回の頻度であったとする報告もある（宮城県史編纂委員会編一九六二）。

災害が頻発する時代の為政者の意識とはどのようなものであったろうか。果たして、地震や津波、震災復興のことだけを考えて領国経営や様々な施策を進めるのだろうか。仙台藩のみならず全国各地で様々な災害が頻発する社会にあって、慶長遣欧使節の派遣を震災復興政策の一環であると特化させることは、かえってこの使節の意義を小さくすることになりはしないだろうか。政宗が海外貿易の先にみていたであろう伊達氏領国の維持・発展（豊かな国づくり）の背景に災害というファクターを入れて考えるのならば、むしろ筆者はこうした様々な災害が位置づけ得るのか否かについて考えていくべきではないかと思う。ただしその場合でも、当時の伊達氏の領国構造、たとえば直轄領か給主領かなどを念頭に置いて考えていく必要があると思うが、政宗時代の領国構造そのものについてもいまだ明らかでない部分が多く、これ自体も大きな研究課題であろう。

いざ西欧へ！

使節の出帆

慶長十八年九月十五日（一六一三年十月二十八日）、使節一行の乗り組んだ洋式帆船が「遠島月浦」から「南蛮」（メキシコ）の地へと出帆した（『使節記』第一五章、「真山記」『引証記』）。

使節団の顔ぶれ

出発時の顔ぶれは、政宗の家臣支倉六右衛門をはじめ、今泉令史・松木忠作・西九助・田中太郎右衛門・内藤半十郎といった仙台藩士や支倉の従者たち、南蛮人が四〇人、江戸幕府の船手頭であった向井忠勝の家人が一〇人ほど、そのほか多くの商売人が乗船していたとされ、総勢一八〇人余とされる（「真山記」『引証記』など）。南蛮人では、先導役を務めるフランシスコ会士のルイス・ソテロをはじめ、同会士のイグナシオ・デ・ヘススやディエゴ・イバニェス（『使節記』第一五章など）、スペイン答礼大使のセバスティアン・ビスカイノと彼に同行する航海士・水夫・船大工らがいた（『金銀島探検報告』第一二章、ファン二〇〇〇）。トマス滝野加（嘉）兵衛、ペドロ伊丹宗味、フランシスコ野間半兵衛といった日本人キリシタンもいた（慶長十八年八月十五日付け畿内キリシタン連署状）。た

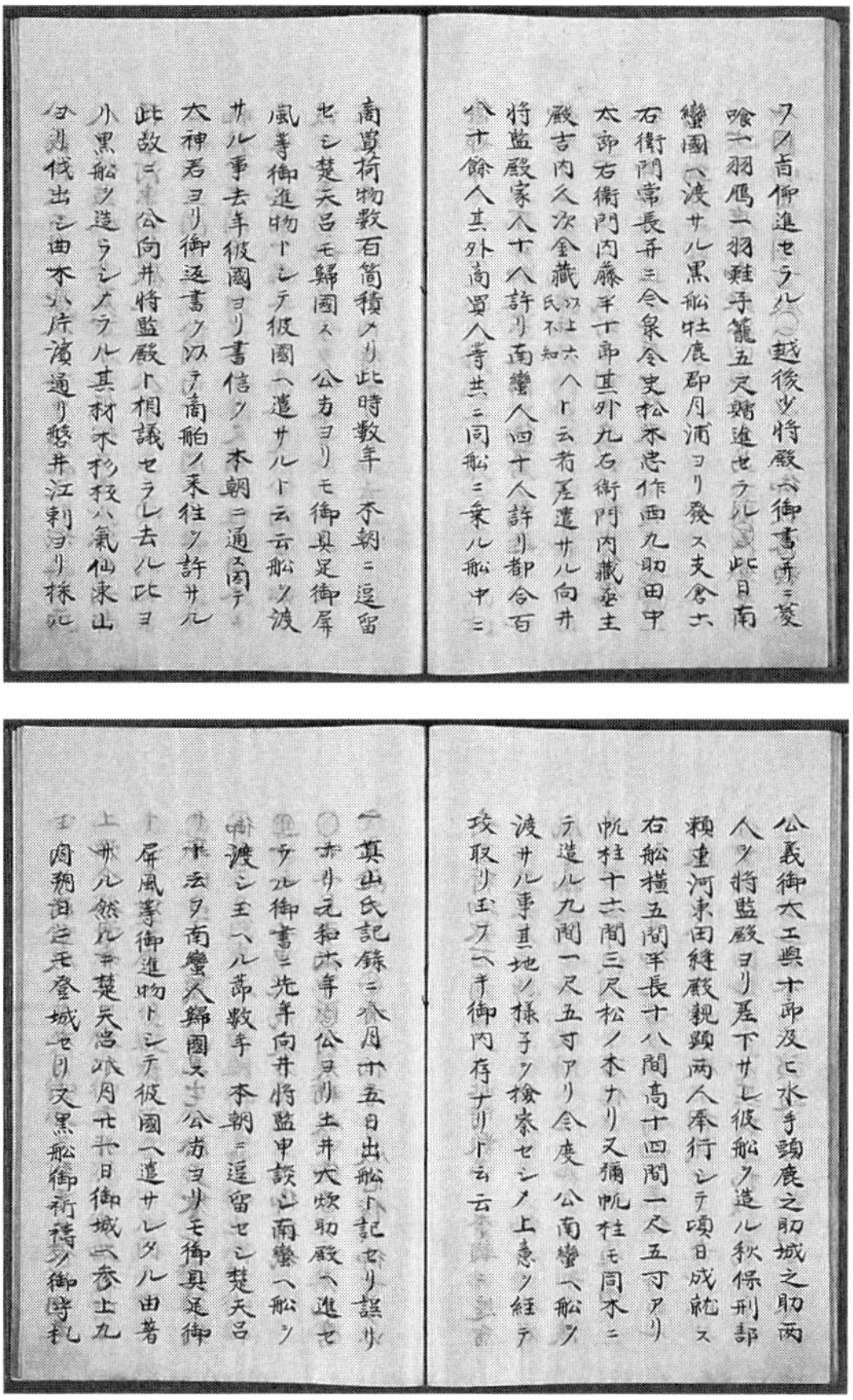

図17　『貞山公治家記録』巻23，慶長18年９月15日条
（仙台市博物館所蔵，仙台市博物館編2013）
上部２行目から使節船出帆の記事などがみえる．

だし後述のように、このうち実際に渡欧したのは三〇名程度とみられ、一八〇人余すべてがヨーロッパで外交交渉を進めるメンバーであったわけではない。

このなかでソテロは、日本語・スペイン語・ラテン語の通訳でもあった。またソテロとともに、イグナシオ・デ・ヘススやイバニェスも通訳を務めていたとみられるほか、日本から同行したグレゴリオ・マティアス（ヴェネツィア出身）が日本語・スペイン語・イタリア語を操り（一六一五年十一月七日付けローマ駐在ヴェネツィア大使書翰、一六一六年一月六日付けソテロ・支倉連署書翰など）、通訳に従事していたことが知られる。

ソテロ・支倉ともに海外では伊達政宗の大使とみなされる一方、ソテロは「日本を統治する皇帝（徳川家康）の大使」とも自称する（『使節記』第二〇章）。これが事実ならば、ソテロは計三度、スペインとの外交交渉において幕府から大役を任されたことになる。さらに彼は使節船に総督および船長として乗船したともいい、当初船長とされていたビスカイノは結局、船客として乗船したとされる。ビスカイノはこの件や帰国に際した経費支給などについてソテロに妨げられたといって強い不満を漏らしており、二人は対立関係に陥っていた（以上、『金銀島探検報告』第一二章）。こうした関係悪化は、実は大洋の向こう側で大きな影を落とすことになる。

出帆地をめぐって

前述のように、使節船は「遠島月浦」と称される地から出帆した。

しかし、出帆地である「遠島月浦」が現在のどの場所に比定されるかについては、大きく分けて二つの見解がある。一つは牡鹿半島の北西部に位置する牡鹿郡月浦（宮城県石巻市）、もう一つは牡鹿半島にも程近い三陸沿岸の桃生郡雄勝浜（宮城県石巻市雄勝町）である。江戸時代から現代にいたる集落名とも一致することから前者とみるのが江戸時代以来の通説的な理解だが、後者とする見方も明治時代から存在する（遠藤二〇二〇a・bなど）。

イエズス会士アンジェリスが一六二一年に行った第二次蝦夷地旅行の記録である『第二蝦夷報告』（ローマ・イエズス会文書館所蔵）には、使節船の大まかな航路を記した地図が添付されていることで知られるが、その航路の注記に「ツキノウラ Tçuqinoura から出てヌエバ・エスパーニャ（メキシコ）に通じる線は、政宗のナヴェッタ船がそちらへ行った際に航行した道です」と記載されており、出帆地が「ツキノウラ」と称する地であったことは間違いない。また、遠島とは牡鹿半島沿岸とその周辺の浜・浦・崎・島の総称であり、近隣の牡鹿郡・桃生郡と並ぶ中世的な行政領域の一つであるとともに、江戸時代には牡鹿郡内の陸方の村々と対をなす、浜方を表す地域呼称として使用されていたことが知られている（石巻市史編さん委員会編一九九六など）。

これについては、史料的にみて牡鹿郡月浦と考えるのがやはり自然であろう。雄勝説の最大の難点は、雄勝湾を「月の浦」と呼ぶ史料が確かに複数確認されるものの、現状ではいずれの史料も江戸時代には遡れない、つまりすべて明治時代以降のものという点にある。これに対して牡鹿郡月浦は、すでに政宗の時代から牡鹿郡浜方（浜・浦・崎・島）の一つとして仙台藩関係の諸史料に見出されるところであり、たとえば仙台藩が藩米の海上輸送にあたって人夫の手間銭を牡鹿郡の浜方に課した元和七年（一六二一）割付状（「狐崎平塚家文書」、平川新氏のご教示による）が早期の例である。そのほかにも、二代藩主忠宗期の正保二年（一六四五）の様子を示す「奥州仙台領国絵図」（仙台市博物館所蔵）など、江戸時代を通じて牡鹿半島の同位置に「月浦」の名が確認される。つまり「遠島月浦」といえば、牡鹿郡月浦と考えるのが江戸時代当時の人々にとっても自然であったように思われるのである。江戸時代中期に編纂された『貞山公治家記録』では、「遠島月浦」が「牡鹿郡月浦」と読み替えられているが、それは同書の編者の認識もまた、これと同様であったからだと考えられる。

なお、造船地にいたっては、出帆地と同じであることが自然とみなして牡鹿郡月浦にあてる見解のほか、桃生郡雄勝浜にある呉壺、あるいは同じ雄勝浜の船戸といった見解があるものの（伊勢編一九二八、須藤二〇〇二、遠藤二〇二〇aなど）、いずれも決め手を欠くため判断が難しく、確定的なことがいえない状況にある。

使節船サン・ファン・バウティスタ

使節船は当時、「拙者船」（『南蛮へ之御案文』）、「南蛮へ遣候舟」（〈元和四年〉八月二十三日付け向井忠勝宛て伊達政宗書状案『引証記』）などと記されているように、日本側の同時代史料ではほとんどが単に「船（舟）」、ごく一部に「大船」（「真山記」『引証記』）、「黒船」（「日記」『引証記』）と表現されている。これが、メキシコ・スペイン側の史料では「サン・ファン・バウティスタ（洗礼者聖ヨハネ）」（一六一四年一月二十九日付け副王宛てアカプルコ港要塞司令官書翰、一六一七年三月十三日付けスペイン国王宛て副王書翰）の名で表れる。慶長十六年五月十四日（一六一一年六月二十四日）、ビスカイノと政宗がはじめて出会った日が洗礼者聖ヨハネの祭日であった（『金銀島探検報告』第五章）ことから、このように名づけられたとも推測されている（慶長遣欧使節船協会編二〇〇五）。

船の大きさは、「真山記」（『引証記』）によれば「横五間半（約一一メートル）、長サ十八間（約三五・五メートル）、高サ十四間一尺五寸（約二八メートル）也、帆柱八十六間三尺（約三二・四メートル）、松ノ木也、又や(弥)ほ柱も松ノ木、長サ九間一尺五寸（約一八メートル）、但六尺五寸（約一・九七メートル）間ニテ也」とされ、ソテロはこれを「五〇〇トンを超えるナオ船」と表現している（一六一四年九月三十日付けセビリア市宛てソテロ書翰写し）。使節船を五〇〇トン以上とするのは、アマーティが『使節記』執筆の際に依拠したとされるソテロの原稿にも同様の記述がみられるようであり（仙台市史編さん委員会編二〇一〇）、今のところソテロの言辞によってのみ知られる。また、船には「王家の紋章」、つまり伊達家の家紋がつけられていたと記録される（『使節記』第一六章）。

船材は、「杉板ハ気仙・東山、曲木ノ分ハ片浜・西岩井・江刺」から採ったとされ（「真山記」『引証記』）、これによれば気仙郡（岩手県陸前高田市・大船渡市など）・東山（岩手県一関市東部など、郡に相当）・本吉郡片浜（宮城県気仙沼市）・西岩井（岩手県平泉町・一関市北西部、郡に相当）・江刺郡（岩手県奥州市江刺など）といった、仙台藩領北部のまとまった地域において樹木の伐採などを行っていたことがわかる。また造船にあたっては、向井忠勝の指揮のもと、幕府から与十郎なる船大工が派遣されていたほか、操船を担う水手頭の鹿助・城助なる人物も派遣され（「真山記」『引証記』）、西洋帆船の事情に詳しいビスカイノ一行も造船工事や艤装に従事していたことが知られる（『金銀島探検報告』第一二章）。仙台藩の船奉行は秋保刑部（頼重）・河東田縫殿（親顕）の両名とされ（「真山記」『引証記』）、造船工事などの統轄を担っていたものとみられる。

政宗は使節船の建造に際して「八〇〇人の大工と七〇〇人の鍛冶、それから三〇〇〇人の人夫を投入した」といい、短期間で贈答用・旅行用の物品を整えたとも記録されている

（『使節記』第一二章）。記録上の人数はそのまま鵜呑みにはできないが、仙台藩内からも多くの大工・鍛冶・人夫らが投入されたことは大いに予想されるところであり、そのため使節船の建造が「地域経済活性化策」の一つであったとする見方もある（平川二〇一五）。

現在、宮城県石巻市にあるサン・ファン・バウティスタパークには慶長使節船ミュージアム（通称サン・ファン館）があり、復元船が係留・展示されている。復元船は平成五年（一九九三）に竣工式が行われ、一六・一七世紀ヨーロッパの帆船の様子なども参考に実際の姿・大きさを目指して復元された「伊達の黒船」とも称される。復元から三〇年近い年月が経ち、それに伴う老朽化などの理由により今後解体され、その後は四分の一のスケールで再建される予定となっている（慶長遺欧使節船協会編二〇一九など）。やむを得ない事情とはいえ、その雄

図18　復元慶長使節船「サン・ファン・バウティスタ」（サン・ファン館提供）

姿がみられなくなるのは大変寂しい思いがする。

月浦の満月と月食と

使節船サン・ファン・バウティスタ号が、どのような状況のなかで、どう出帆したのかを表す史料は、現在のところ確認されていない。しかし、天文学や航海学の成果によって、ある程度考察されている。使節船が出帆した慶長十八年（一六一三）九月十五日は、その日付が示すように満月であった。つまり、当日は満潮と干潮の潮位が最大になる大潮であったことになる。帆船は引き潮を利用して港を離れるのが一般的であり、満月の日に出帆した使節船は大潮からの引き潮を利用して船出したと考えられている（高橋由貴彦一九八一、山本二〇一三など）。

当日の天候は明らかでないが、仮に雲ひとつない秋晴れであったと仮定した場合、次のような光景が広がっていたとするシミュレーションがなされている（土佐二〇一三）。想像も含むようだが紹介してみよう。

太陽が沈む頃、東の空に満月が顔を出し、西の空には金星が輝き始める。やがて満潮が訪れ、帆に陸風を受けながら、引き始めた潮に乗って使節船は月浦から外海へと乗り出した。その後、高く昇った月は左下から徐々に欠け始めたという。実は、当日は月食のタイミングでもあったというのである。時間とともに月食は進み、その高度が最大となる南中（なんちゅう）を迎える頃、皆既食（かいきしょく）となった。月は赤銅色となり、月明かりを失った夜空の星々は輝きを増し、満天の星空が広がった。空が白み始めると、行く手を示すように東の水平線上に木星と水星が現れ、月は西の水平線に沈んでいく……。

月浦の満月と月食を船上から眺めた使節一行は、それぞれどのような面持ちであったろうか。ぜひその時の様子を、そしてその時の心境を知ってみたいものである。

太平洋の荒波

月浦を出帆した使節船は、太平洋を横断して約三ヵ月かけてメキシコの西の玄関口である港町アカプルコにいたっている。当時のフィリピンからメキシコへの太平洋航路（復路）は、七月から九月の季節風と黒潮を利用しながら北上し、日本近海を経たのち、十一月頃に北緯四〇度付近（岩手県盛岡市あたり）を東流する北太平洋海流と秋の西風に乗って東へと向かい、一月頃に北アメリカの西海岸からカリフォルニア海流と北寄りの風に乗って南下するというものであった（山本二〇一三、坂東・椎名二〇一五など）。使節船が出帆したタイミングは、まさにこの航路と時期を念頭に置いたものであったのである。

ビスカイノはこの航海について、「まずまずの天候のもと、かの諸島を捜索した。なぜなら私達はその緯度に達していたからである。この海域では何も見つからなかった。何度か嵐があった」と記している（『金銀島探検報告』第一二章）。ここでいう「かの諸島」の捜索とは、ビスカイノがもともと命じられていた「金銀島」の探索のことである。しかし、それは見つからなかった。ビスカイノが「何度か嵐があった」と記すように、太平洋の横断は決して楽なものではなかったと推察される。ソテロもまたこの航海について、「大嵐や時化（しけ）を乗り切り、六〇〇〇ミリオ（約九六〇〇キロ）の海原を横断した後、ヌエバ・エスパーニャ（メキシコ）に到着した」と記し（『使節記』第一五章）、荒れた天候と海上の様子を伝えている。

続けてビスカイノは、「十二月二十六日、メンドシノ岬の陸地を目にし、凪（なぎ）と快晴のなか、サカトゥーラの地に到着した」と記す。荒波を越えた使節船は、ついに北アメリカ西海岸の近海に到達したのである。太平洋の横断に約二ヵ月、その後のアカプルコまでは約一ヵ月要したことになる。

太平洋航海に関する史料は、数も記述もきわめて少ない。しかし、メキシコへ向かう際の陸地の目印とされていたメンドシノ岬を望見し、そこから南下してサカトゥーラ港に入った使節一行の喜びの声が、史料の向こう側から聞こえるように思われてならない。

メキシコの地を踏んで

アカプルコ入港

一六一四年一月二十九日、使節一行はアカプルコに到着した（同年月日付け副王宛てアカプルコ港要塞司令官書翰）。ただし到着日については、一月二十五日（『使節記』第一五章）、あるいは一月二十八日（同年十月三十日付けインディアス顧問会議奏議）とする記録がある。

港に接近した使節船は和平の印にたくさんの号砲を鳴らし、それに応じて港でも盛んに号砲が鳴ったといい、一行が上陸すると歓迎を受け、王の館に宿泊し、雄牛の祭りや祝宴などでもてなされたとされる。使節の来訪などを副王に報告した港の要塞司令官は、一行を通過させ、旅が円滑に進むよう必要な物資はできるだけ提供するようにと命じられたという（以上、『使節記』第一六章）。

図19　アカプルコの「支倉常長銅像」
（仙台市交流企画課提供）
支倉の銅像はこれも含めて国内外に七体設置されている.

アカプルコの海岸に停泊した使節船からは、宿泊に関わる品々や多数の贈り物のほか、売却用の金属製品・机・衣類が降ろされている（『チマルパインの日記』一六一四年三月四日条）。これによれば使節船には、これから使節一行が生活し外交交渉を行うための物品のみならず、すでに売買用の物品も積載されていたことがわかる。本格的な交渉はまだこれからという段階ではあるものの、メキシコで早期に貿易の実を得ることが使節の出立以前から折り込み済みであったことは、前述の副王宛て政宗親書案（『南蛮へ之御案文』）にあったとおりである。要塞司令官は船員に積み荷の売買を許し、その後使節らは馬（あるいは馬車）などでメキシコ市を目指すことになった（『使節記』第一六章）。

しかし、使節一行のアカプルコ入港に前後して、日本では彼らの今後の交渉に暗雲を漂わせる二つの事態が発生していた。一つは、使節一行にとって不利な情報が、次々と日本国内からスペイン・ローマへと発信されていたことである。

アカプルコ入港の影で

使節出立の前年にあたる慶長十七年九月（一六一二年十月）から十月にかけて、日本司教でイエズス会士のルイス・デ・セルケイラは、スペイン国王に宛てた書翰で岡本大八（おかもとだいはち）事件に端を発する江戸幕府のキリシタン禁令と迫害の様子を伝え、さらに同年九月に幕府船で試みられた幕府とスペインの貿易交渉が実はソテロによる発案であり、彼は司教の座を関東へ持ってきたいと望む野心を抱えていると報告した。この書翰の内容は、のちにローマのイエズス会総会長にも伝えられている（以上、一六一二年十一月十五日付けスペイン国王宛てセルケイラ書翰写し）。

使節派遣の直前にあたる慶長十八年八月（一六一三年十月）には、同じくセルケイラがイエズス会総会長に向けて書翰をしたため、政宗の使節もまたソテロによって仕組まれたもので、スペイン国王とローマ教皇に対して政宗の領内に修道士の派遣を依頼しているが、実は政宗の目的は領内の港にスペイン船を入れて世俗的な利益を求めているだけであり、もし修道士たちが来ればキリスト教を望まない天下の君主（家康）は憤慨するであろうと上申し、こうした懸念はスペイン国王へも書き送ったと綴っている（一六一三年十月五日付けイエズス会総会長宛てセルケイラ書翰写し）。イエズス会総会長への上申は、いずれもローマ教皇への報告を念頭に行われたものであったから、以上の動きは事実上スペイン国王とローマ教皇の耳に入れることが大きな目的であったといえよう。

さらに使節一行がメキシコ市へと向かっている頃には、アカプルコからの報告に基づくとみられる副王書翰が一六一四年二月八日付でスペイン国王に宛てて記され、聖職者の派遣およびヌエバ・エスパーニャ（メキシコ）との通交関係樹立を目指した政宗の使節が到着したものの、日本人が当地にもたらす物品はほとんど重要でなく、かえって銀の持ち出しが多量になると述べ、さらに日本側が航海に通じる弊害も生じ、宗教面では日本の皇帝（家康）や太子（秀忠）によるキリシタンの迫害などが行われている、などと上申されている（同年十月三十日付けインディアス顧問会議奏議）。

一行がメキシコ市を出発した直後には、ソテロと対立していたビスカイノからもスペイン国王へと書翰が送られている（同年五月二十日付けスペイン国王宛てビスカイノ書翰写し）。そのなかで彼は、政宗がソテロを誘って船を造りローマ教皇とスペイン国王へ私たちの信仰のために使節を送ったが、それは実は商品の利益のためであると指摘している。さらに禁教と迫害のなかで、皇帝や太子をはじめ、修道会の上長や日本在留の修道士たちへも知らせずに日本への修道士派遣の請願を行っており、もし修道士が来ても皇帝と太子が許容しないことは確実で、来日した彼らや日本在留の神父・キリスト教徒らにはかえって大きな災難と最悪の結果が待ち受けているように思われる、などとも上申した。

また日本への答礼大使という立場にあったビスカイノは、慶長十七年の副王宛て家康親書・秀忠親書、および「両国で通交・貿易はしたいが、日本では貴国の法は崇敬しない」と記したソテロらの手になるスペイン語訳文を持参しており、彼はスペインの植民地支配を統轄するインディアス顧問会議の議長に向けて、それらを発送している（同年五月二十日付け同議長宛てビスカイノ書翰写しなど）。この時の議長（サリナス侯）は、ビスカイノを答礼大使として日本へ派遣した際の副王であった人物である。ビスカイノは家康・秀忠からの贈り物（屏風や刀）も持参していたが、これはアカプルコでソテロら使節に取り上げられたらしく、その後メキシコ市で使節から現副王（グアダルカサル侯）へ呈上されたが咎められ、やはりサリナス侯へと送られている（同前）。副王やビスカイノらから得られたこうした情報によって、こののち顧問会議は使節の目的や行動に疑いの目を向けるようになる。

以上のように、幕府の禁教方針や迫害の様子のみならず、ソテロの態度の不誠実さとそれに対する不信感、貿易のみとされた使節派遣の目的、メキシコ側の貿易上の不利益、幕府の禁教方針の下で修道士（フランシスコ会の聖職者）派遣を要請している齟齬への懸念といった情報などが、次々と上申されていったのである。

強化される禁教令

もう一つの事態は、慶長十八年十二月二十三日（一六一四年二月一日）に起草された「伴天連追放文」が幕府によって公布されたことである。キリシタン取締りの動きは使節出発後にさらに強化されることとなったのである。翌年の慶長十九年正月には京都の教会が破却され、これを皮切りに三月には畿内のキリシタン七一名が津軽地方（青森県）へと流刑に処され、十月には日本滞在中の宣教師やキリシタン武将として著名な高山右近・内藤如安、天正遣欧使節で副使を務めた原マルチノら四〇〇名余が、マカオやマニラへ国外追放される事態も生じている。

さらなる禁教令が出されたことは、まもなく仙台にいた政宗にも伝えられた。それを知らせたのは、将軍の剣術指南役であり政宗とも親しかった柳生宗矩であった。宗矩は、「伴天連追放文」が起草された翌日（二十四日）付けで政宗に書状を送り、その書状は十二月晦日の日暮れに政宗のもとへ到着、政宗もその日のうちに宗矩へと返書（仙台市博物館所蔵）を出している。それによれば政宗は、「伴天連追放の件について、当方なども心得るべきとのことであり、絶えず厳しく申し付け、なお一層油断しない」と返答し、続けて「そういうことならば、すぐにでも内々に上府し、江戸で越年したいところではあるが、上府は三月と伝えたばかりであり、(それが)上意でもあるので今は遠慮したい。油断はしていない」と述べている。さらに追伸では「もっとそちらの様子を伺いたい」と伝えている。とりわけ「すぐにでも内々に上府」すべきとする趣意からは、柳生宗矩の書状をみた政宗が、事態の急変と切迫した状況を読み取っていた様子がうかがえる。

ただし、仙台藩領でキリシタン取締りが本格的に行われるのは元和六年八月(一六二〇年九月)、すなわち支倉らの帰国直後からであり、ここで述べているような切迫感とは裏腹に、その後領内で取締りなどを行った具体的な形跡はみられない。実は、家康・秀忠の時期は幕府によるキリシタン禁制という大方針が打ち出されてはいたものの、それへの対応は各大名・領主の態度や領内でのキリシタンの浸透度などによって差異があり、キリシタン取締りへの意識や貫徹の度合いは地域的にも階層的にも一様ではなかったといわれている(清水紘一　二〇〇三、大橋二〇一四・二〇一七など)。仙台藩領において使節帰着時までキリシタンの取締りが行われなかったことは、決して不思議なことではなかったのである。

メキシコ市に入る

一六一四年三月四日、使節一行のうち二〇人がアカプルコから陸路でメキシコ市に入った。先遣隊である。主要な者は騎乗し、従者たちは槍を持って先導して町に入ったといい、格好は和装であったようである。また、髪をうなじのところで結わえていたとも記録されている。先遣隊は同地に倉庫を造ろうとしていたらしく、宿泊に関わる品々や贈り物といった使節一行の所有物を収納し、手元で管理することが目的であったとされる（以上、『チマルパインの日記』同年月日条）。

同じ三月四日には、日本人たちの来訪によって生じる争いを避けるため、副王によって訓令が出された。それは、日本人との間で発生したアカプルコでの諍(いさか)いが原因とされ、日本人への虐待を厳禁するとともに、大部分の日本人から武器を取り上げ帰国時に返却するため保管し、一部は売却してよいというものであった。武器の携行を許された日本人は、支倉を含む一〇名のみとされた。翌日には、現地の人々に対して、日本人から商品や代金、販売の自由を奪ったり、虐待や不正を行うなど、諍いの原因となるあらゆる言動を慎むこと、その違反者は処罰すること、その原因が日本人にあった場合には彼らを法廷で裁くことなどが、やはり副王の名で裁定され公布が命じられている（以上、同年月日付け副王訓令・翌日付け裁定の謄本、同年十一月四日付けセビリア市商業会議所長書翰）。

ビスカイノはアカプルコで病気になったため、ゆっくりと三月十七日に到着した（『チマルパインの日記』同年三月四日条・三月十七日条）。ソテロ・支倉らを含む使節一行の大部分の人々は、道中の町や村で歓待を受けながら進んでいたとされ、三月二十四日にメキシコ市へと入った。宿所には、当地のサン・フランシスコ修道院などがあてられている（以上、『チマルパインの日記』同年月日条、『使節記』第一七章）。

同年四月には、複数回にわたって多くの日本人が当地のサン・フランシスコ教会（修道院）で洗礼を受け、さらに大きな教会（メトロポリタン大聖堂）で堅信礼を施されている。それには当地にいる大司教フアン・ペレス・デ・ラ・セルナらが関わり、市の貴族が名づけ親になっている。人数は七八名に上ったという。大使支倉もこの地でキリスト教徒になることが話題に上ったようだが、それはスペインで行うとされた（以上、『チマルパインの日記』同年四月九日・二十日・二十五日条、『使節記』第一七章）。

メキシコ市での折衝

『南蛮へ之御案文』には、フランシスコ会ヌエバ・エスパーニャ宗務総長（宗務総取締・総管区長・総長直属管区長などとも）とフランシスコ会サント・エバンヘリヨ（聖福音）修道会管区長宛ての政宗親書案が記載されている（ともに慶長十八年〈一六一三〉九月四日付け）。原本は確認されていないものの、おそらくは前述の洗礼式などが行われる以前に、この案文をもとにした政宗親書がそれぞれに渡されていたのであろう（大澤二〇一二）。

この二通の政宗親書案においても、スペイン国王や副王宛てのそれとほぼ同様に、政宗がソテロからキリスト教の教えを聞き、「真之後生之道」だと心得ながらもいまだキリスト教徒にならないでいることや、領内の下々までキリスト教徒となることを勧めるため、フランシスコ会厳修派の伴天連衆を派遣してほしいことが述べられている。そのうえで、ソテロの帰朝までには時間がかかるので、同地にいるサント・エバンヘリヨ修道会管区のフランシスコ会厳修派の伴天連衆をこの船（使節船）で渡海させるよう副王とも相談してほしい、派遣してもらえれば寺（教会）をも建立し厚遇するつもりである、という支援要請が加えられている。しかし同地において、この要請に対する具体的な動きがあった形跡はみられない。

またメキシコ市滞在中には、時期は未詳ながらソテロ・支倉と従者らが王宮を訪ねて副王に会い、副王宛ての政宗親書や協定書、日本との通交・貿易の利益などを述べた長文の覚書を提示したようである。政宗親書は前述の案文のとおりであれば、スペイン国王との交渉を待たずに、伴天連衆の派遣と貿易の実現を早期に願う内容となる。スペイン語訳文のみが確認されている副王宛ての協定書は、見出しに「奥州の王伊達政宗とヌエバ・エスパーニャ副王閣下との間の和平協定」とあり、条文は案文に比べてやや具体的な内容となっている。大部分の趣旨は大きく外れていないが、案文では「イギリス・オランダなど、スペイン国王の敵国から来訪した者は我が領国では崇敬しない」と記されていた条項が、「イギリス人・オランダ人およびスペイン国王に敵対する者が来訪すれば裁きにかけ、殺すよう命じるであろう」と言い換えられており、この部分についてはより強い表現に改変されている。おそらくソテロの判断によるものであろう。

副王との会談・折衝は、具体的な様相が史料上あまり明確でないが、この先の道程において使節らの通過が安全に快適に行われるよう配慮すると約束された一方、スペイン国王から命令を受けない限り使節船を帰還させる命令は出せないと返答されている（『使節記』第一七章）。前述の一六一四年二月八日付けスペイン国王宛て副王書翰では、使節らは使節船がすぐに帰航するための許可を切願しているとも述べられており、それへの返答が副王との会談で示されたのであろう。しかし、それ以外の返答は史料的にほとんど見出せず、副王宛ての親書案や協定書に示された政宗の要望の多くが、スペイン本国での交渉へと委ねられたものと考えられる。

長文の使節覚書

日本との通交・貿易の利益などを述べた長文の覚書（シマンカス総合文書館所蔵）は、ソテロがメキシコ市滞在中に執筆したものとされる（五野井二〇〇三）。使節のために、スペイン国王やインディアス顧問会議および同議長へ必要な点を抽出して書き送ってほしいことを副王へ依頼した文書である。

冒頭には江戸幕府と使節の関係が記され、日本の皇帝（徳川家康）はヌエバ・エスパーニャ（メキシコ）―日本間の通交・貿易を実現したいと望み、以前にその要望を記した親書をスペイン国王へと送ったが、その返答を得るための任務を今回ソテロに託して派遣したとある。その後は大まかには三つに分かれ、まず通交・貿易などに関する事項が記され、それに続いて主にキリスト教関係の事項が、最後に再び幕府との関係が記されている。

このなかでソテロが多くの紙面を割くのは、メキシコ―日本間の通交・貿易上の利点などに関してである。おおよそ次のようである。

・この貿易によりマニラ市に損害と不都合が生じるという見方があるが、マニラから来る各種商品をメキシコへ持ち込まないよう日本人に命じれば、それは生じない。

・日本との渡航が続けば、日本人が航海術を習得し、南洋のスペイン領や周辺海域の国々が攪乱・占領されるという見方があるが、従来の例からみてそれは不当である。彼らはただ通交・貿易だけを望んでおり、それはむしろ友好と和平につながる。

・メキシコとの貿易において、日本人が船を出すことでスペインの出航費は大幅に節約される。また日本からは索具（さくぐ）・弾薬・釘・鉄・銅などを安価で入手できるため、スペインからの運送費が節約され売買の利益も得られる。

・特にマニラやモルッカ諸島（香辛料諸島）の貿易船にとっては、日本への入港は糧食の調達や軍需品の補給の面から非常に好都合である。

・メキシコで著しく不足する水銀は、日本との貿易によって安価で大量に輸入できる。

・スペイン領からの金銀の流出は中国との貿易が原因である。金銀が潤沢にある日本では、物品は求めるが金銀は求めず、その流出を防ぐことができる。

・中国産の生糸と絹織物は日本を通じて調達し、その代わりに日本で高価な羅紗（らしゃ）や葡萄酒などを売れば、利得や税収は増え、マニラやマカオなどの利益にもつながる。

さらにソテロは、通交・貿易上の論点に交えて、オランダ人・イギリス人との関係を次のように強調する。スペイン国王が日本の皇帝の求めに応じなければ、彼はオランダ人・イギリス人と連携し、スペイン領の平穏な状況は一変する恐れがある。確かにオランダ人は肥前国平戸（ひらど）に商館を与えられ恩恵を得ているが、皇帝は彼らにスペイン国王への敵対をまったく許しておらず、奥州の王（伊達政宗）も協定書の一項においてオランダ人・イギリス人およびスペイン国王に敵対する者が領内に来れば罰し殺すであろうといっており、もし彼が帝位を継げば、その方針を日本全体に命じることは疑いない。そして貿易の進め方によってはオランダ人たちをモルッカ諸島から駆逐することもできるだろう、と述べるのである。

ソテロの交渉方針

ソテロが作成した長文の覚書では、キリスト教関係の記述にも非常に多くの紙面が割かれている。おおよそ次のようである。

・これまでに日本のキリスト教界は何度か激しい迫害に遭っているが、貿易の利益があったからこそ日本の諸領主（大名）は領内から神父らを放逐しなかったのであり、日本の皇帝（家康）がこれまでフランシスコ会士に恩恵を施してきたのは、彼らを仲介者としてメキシコ―日本間の貿易を開こうとしていたからである。

・そのため今回派遣されたソテロがよき回答を得て以前に皇帝から提示した協定が成立すれば、フランシスコ会のみならず、すべての修道会にも恩恵が施されるはずである。

・奥州の王（政宗）は、日本の諸王のなかでも最も強大な勢力を有し、武勇に優れた一人である。その娘（長女五郎八姫）と息子（嫡男忠宗）は、皇帝の二子（六男忠輝・養女振姫）と結婚していて信仰も厚い。我々の聖なる信仰について理解し、領内すべての者がキリスト教徒になることを願って使節を派遣した。

・その使節がスペイン国王の判断を仰ぎたいのは、フランシスコ会の修道士たちをローマからメキシコまで派遣してほしいこと、使節船にスペイン人航海士らを同行させ、その他必要な物品を提供してほしいこと、使節船に積載した日本の物品を売買し伊達家の用に供したいことなどである。そのために和平協定の締結を提案している。

・強大で勇敢な奥州の王は、みなの意見では次期皇帝と目されている。日本では武力によって帝位の継承がなされるから、彼が皇帝になれば日本のキリスト教界は庇護され、日本全体が数年でその聖なる信仰に帰依することになる。仮に皇帝にならなくとも彼の領内で庇護と厚意が与えられ、その強大さゆえ反対する者など出ないでしょう。

・またこの使節が切望するのは、フランシスコ会からの日本司教の選任である。これにより日本での布教は進展し、スペイン領の拡大と平和にも貢献できる。

これに続けて、再び江戸幕府との関係が次のように語られている。

・使節船とこの使節は、皇帝とその息子（秀忠）から承認を得てきたものである。なかには、一個人の王が皇帝に知らせずに送り、皇帝の好まないキリスト教界の事柄を含むため彼に不快な思いをさせ、事態を変化させると疑念を呈する向きもあるが、それは当たらない。副王宛ての彼らの親書と贈り物が同船で送られてきていること、ソテロが前述の返答を持ち帰るよう乗船を命じられていること、処刑されかけていたソテロが王政宗の取りなしによって使節派遣のため太子から許しを得て解放されたことから、それは明らかである。

・王政宗の使節によって皇帝はメキシコとの貿易を容易に確立でき、まさに一石二鳥である。また皇帝が諸領主の領内の政治に干渉することがないのは、江戸でキリスト教徒が迫害されている時に、王鍋島の領国肥前でドミニコ会の二つの教会に敷地が与えられ、長崎ではフランシスコ会とアウグスチノ会の教会がそれぞれ建てられ、奥州では多くの人々が洗礼を受け、修道士の来訪を願うこの使節船の建造が行われていることなどからも明らかである。

このように、ここで語られている内容はソテロがスペイン政府に対する交渉で使おうとしていた説得材料、換言すれば彼の交渉方針と言い得るものである。しかも、このなかには、複雑な関係をなす貿易・布教・幕府（家康）・政宗という四者をどう定立させるかについて、彼の論理が巧みに埋め込まれていることがわかる。

どちらかといえば貿易関係の事項は江戸幕府に引きつけて利点が語られており、政宗の使節派遣に伴ってやって来たソテロは、スペイン国王からよい返答を得ることを幕府から託されているといい、特に「家康はキリスト教を好んでいないが、彼が望むメキシコ―日本間の通交・貿易関係が樹立されれば恩恵を施す（つまり態度を変える）はずだ」といった言説が、貿易と禁教という幕府の方針を並び立たせるための重要な論理となっている。

その一方で、キリスト教関係の事項はどちらかといえば政宗に引きつけて利点が語られており、政宗がキリスト教に寛容であることが重要な拠りどころとなっている。さらに、鍋島領・伊達領などのキリスト教の様子を示したうえで家康は諸領主の領内政治に干渉しないという言説も注目される。それは、この見立てが使節派遣にあたって領内での布教を容認した政宗の判断を担保する論理にもなっているからである。

政宗を次期皇帝に

加えて注目されるのは、強大な勢力をもつ政宗が「みなの意見では次期皇帝と目されている」という論理である。ソテロによる政宗の位置づけと期待感を表す内容で、政宗が皇帝になれば日本全体でオランダ人らは排除されるうえにキリスト教（カトリック）は庇護されて隆盛し、政治的にも宗教的にも江戸幕府との複雑な関係は清算され、スペインにとってすべてが好転するという論理である。

政宗を次期皇帝とみなす意見が日本国内で多数派を占めていたという記述はおよそ事実とは思えないが、同種の発言はすでに使節出発前から存在していた。それを示す史料が、ローマ教皇パウルス五世宛ての畿内キリシタン連署状（ヴァチカン秘密文書館所蔵）である。京・伏見・大坂・堺のキリシタン四〇名から教皇に呈上するため、使節出発の一ヵ月前にあたる慶長十八年（一六一三）八月十五日付けで作成された日本語の書状である。ソテロが江戸で主催する信心会の勢数多講（セスタとはポルトガル語の金曜日 sexta に由来し、金曜日ごとに行われることからこの名がある）の規約や男女一一七名のキリシタンの名簿なども付属している。その二日後に作成されたラテン語訳文（同館所蔵）もある。

この連署状自体は、イエズス会以外の三托鉢修道会（フランシスコ会・アウグスチノ会・ドミニコ会）からの各司教の任命（日本司教の増員）とそのなかからの大司教の任命、神学校の増設、慶長元年に火刑に処された二六名の殉教者の列聖（聖人に列すること）、勢数多講の承認および贖宥・聖遺物などの認可について、ローマ教皇に請願するために記されたものである。四〇名の署名は自署でないうえに花押もなく、ソテロとその周辺の人物によって作成されたとみられている（五野井二〇〇三）。こうした請願の直後にみえる一文でソテロの立場を強調していることからしてもそのとおりであろう。そしてこの一文のなかで、政宗が「日本の主」になるとの評判が語られている。

このたび伴天連フライ・ルイス・ソテロが日本の皇帝よりスペイン国王の御用となり、同じく奥州の屋形伊達政宗よりローマ教皇へ使者に立てられたので、この心中（請願）が調うようお頼みします。今後のキリシタンの頼りとなることでしょう。この人（政宗）は日本で一番の大名、知恵深き人であるため「日本の主」になるとの評判ですので、すべてが調うようローマ教皇におすがりします。これはキリシタンの繁昌の礎となることでしょう。おおよそ日本のことについては、伴天連ソテロほど詳しい衆はおりません。

「政宗皇帝待望論」とも呼ばれる当時のこの見方は、畿内キリシタン連署状や長文の使節覚書などの使節関係史料の記述から、ソテロを含めた日本滞在の神父や日本人キリスト教徒の間に根強く存在していたともいわれている（平川二〇一〇）。少なくともソテロ周辺のフランシスコ会士や信徒のなかに政宗へのこうした期待感が使節出発前から伏在していたことは間違いなく、それは当初から禁教意識の強かった幕府とは対照的に、政宗が早くからキリシタンに寛容であったことと無縁ではないであろう。

マドリードへの道のり

メキシコ市では、多くの日本人が洗礼などを受ける機会を与えられたものの、具体的な外交交渉はほとんど行われず、それはスペイン・ローマの地へと委ねられた。そこでソテロ・支倉ら主だったメンバーは、日本からの渡航者の大部分と別れ、五月八日にメキシコ市を出立した（『使節記』第一七章）。彼らのメキシコ市滞在は約一ヵ月半、先遣隊のそれを含むのであれば約二ヵ月であったことになる。

メキシコ市出立

メキシコ市からは、スペイン人のマルティネス・モンターニョ（メキシコ出身）が同行することになった。彼は兵士であった時に日本に住んだことがあったため日本語を知っていたとされ、副王の裁量によって使節の側近くに同行することになったという（『チマルパインの日記』一六一四年五月二十九日条）。ローマでは日本語とスペイン語の通訳であったと記録されている（『教皇庁儀典日記』一六一五年十月二十九日条など）。

道中では副王から歓待するように命令が出ていたとされ、プエブラでは五月十八日（聖霊降臨祭）に市長をあげて闘牛を行うなどして歓待されている。使節一行がプエブラを発つと、前述のサント・エバンへリヨ管区長が修道士を一人派遣し、さらに管区の修道院長たちに対して使節一行に奉仕するよう命じたともいう。大西洋横断の玄関口となっているメキシコ湾岸のベラクルス（サン・ファン・デ・ウルーワ港）に到着した際も、艦隊司令官・要塞司令官・市長・王の官吏ら多数の有力者がラッパや太鼓の鳴り響くなかで出迎え、一行はここでもサン・フランシスコ修道院に宿泊している（以上、『使節記』第一七章）。そしてこの後、彼らはここから大西洋へと乗り出すことになる。

ところが、のちにソテロは大西洋上で記したスペイン国王への手紙のなかで、「ヌエバ・エスパーニャ（メキシコ）では大使に対してなすべき歓待がなされなかった」と述べている（一六一四年十月一日付けスペイン国王宛てソテロ書翰）。各所での歓待の様子を伝える史料は、実はすべてソテロの言辞に依拠する『使節記』であり、そうした歓迎ムードですら多分に表面上のものであったともいわれている（大澤二〇一二）。そうだとするならば、メキシコ内外の状況からみる限り、彼らの旅自体が当初から前途多難な船出であったことを意味していよう。

メキシコ市に残されたメンバーはその後約一年間の滞在を余儀なくされたが、日本人商人らは当地で商いを続けていた（『チマルパインの日記』一六一五年二月七日条など）。

大西洋上の手紙

一六一四年七月十日頃、一行はベラクルスから約一キロ沖にある要塞の島サン・ファン・デ・ウルーワ港からスペイン艦隊に便乗して、ついに大西洋へと乗り出した。七月二十三日には嵐の影響によりキューバ島ハバナに寄港し二週間ほど滞在したが、再び出航して海上の危険や暴風雨に何度か見舞われながら、十月五日頃、スペインの西南岸にあるサンルカール・デ・バラメダに入港した（以上、『使節記』第一七章、高橋由貴彦一九八一）。彼らは太平洋への船出では月食をみていたが、実はこの入港の二日前、大西洋上では日食をみていたようである（高橋由貴彦一九八一）。

大西洋横断中はまた、スペイン上陸後の本格的な外交交渉に向けて、彼らが乗船する聖ヨセフ号の船上において余念なく準備が進められていた。ソテロや支倉が、スペイン国王の側近として権勢を振るい実質的に国政を取り仕切るレルマ公爵、スペイン国王フェリーペ三世、ソテロの出身地であるセビリア市に対して書翰をしたためているのである。

その一つに、日本語文のレルマ公宛て支倉書状（シマンカス総合文書館所蔵）がある。レルマ公宛てとなっているが、その内容はレルマ公を介してスペイン国王に披露されることを期して記されたもので、スペイン国王への披露状ともいわれる。支倉はこの書状のなかで、「拙者の主である奥州の屋形伊達政宗は、貴い天有主（デウス）の教えを聞いて非常に殊勝（しゅしょう）に思い、我が分国中へキリシタンになるように申し付けています」と述べたうえで、「きりしたん大帝王（スペイン国王）とぱつぱ様（ローマ教皇）が一世界のキリシタンの親司（おやつかさ）と聞き及びましたので、御両人様へ拝謁するため、（我が主君は）ソテロ神父へ拙者を差し添え、使者として派遣しました。そこで、フランシスコ会の伴天連が渡海できるようにご命令いただければ大変うれしく思います」と記している。そして最後に、「長く山海を越えて来たのは大勢のアニマ（霊魂）が助かるためであり、お会いできるならば暗い所から明るい所へ出るような心地がし、外聞であると満足できることでしょう」と締めくくっている。

同じくレルマ公に直接宛てた書状でも、使者として派遣されたとする部分まではほぼ一緒だが、後段で「帝王さま」によろしく取り計らってくれるよう要望する文章が綴られている（同館所蔵）。これらが前述した「長経（ながつね）」と署名された書状であり、どちらも和暦の慶長十九年（一六一四）八月二十六日付けとなっている。それぞれにソテロが主導して作成したとみられるスペイン語訳（ともに同館所蔵）があり、その趣旨は日本語文と大きく異ならない。おそらく日本語文についても、内容的にみてソテロと相談のうえ記されたものと思われる。

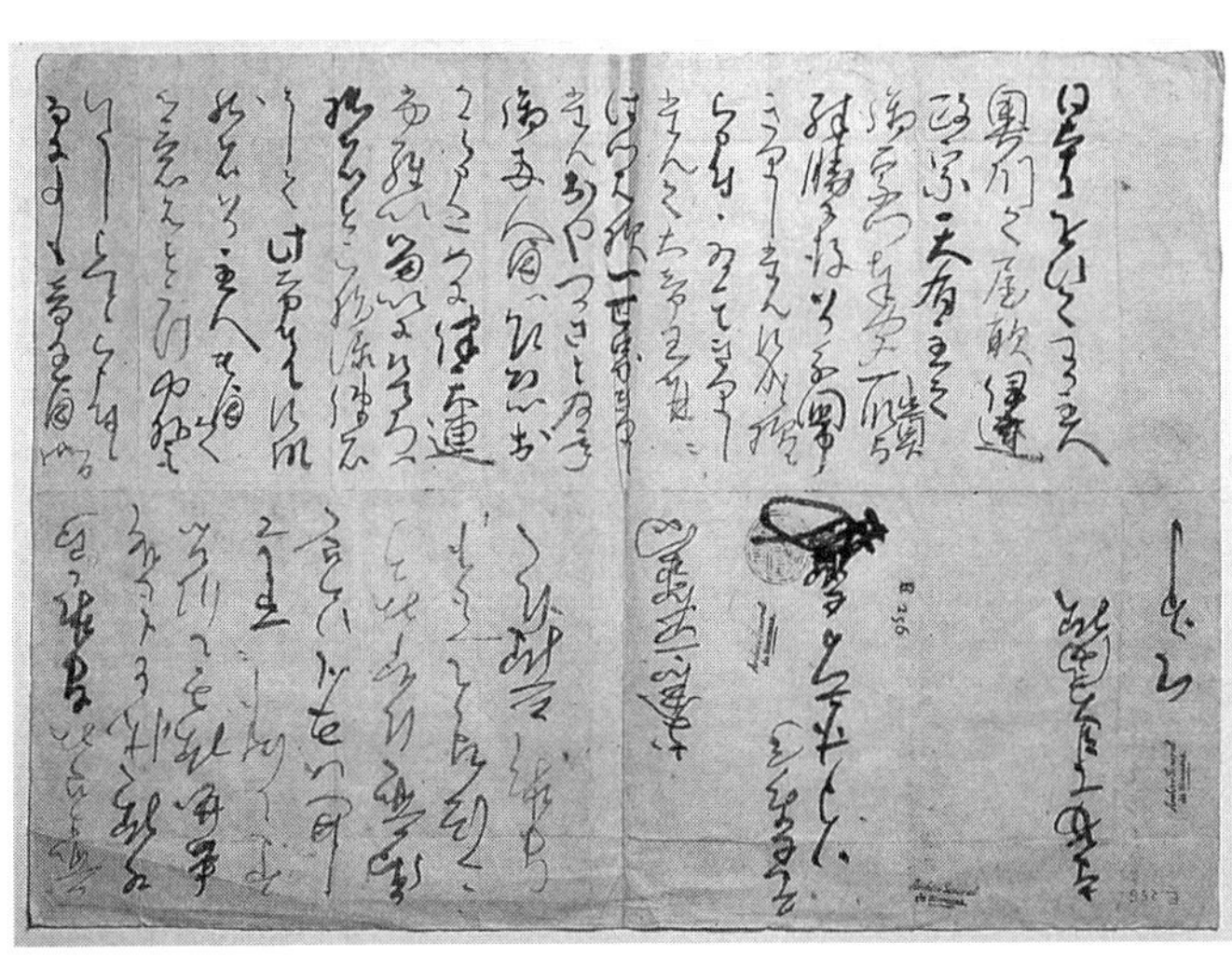

図20　レルマ公宛て支倉六右衛門書状（シマンカス総合文書館所蔵，五野井2003）

ソテロはこれらとは別にスペイン国王とレルマ公に宛てた書翰（同館所蔵）を記しており、神や二人への賛辞、自らが日本布教や江戸幕府に関わった経緯、日本皇帝（家康）に対する自らの説得によりキリスト教徒への迫害やオランダ人との関係が進んでいないことなどを述べる。そして、自分自身は以前にそちらへ送られた日本皇帝の親書への返答を求めて改めて派遣され、奥州の王（政宗）からはそれとは別の親書が来ているので、それらの望みを成就させてほしいなどと要望している。またセビリア市に対してはソテロ・支倉それぞれからのスペイン語書翰（同館所蔵）が用意され、自分たちが使節として派遣された経緯やその目的を述べながら、ソテロの故郷でありスペイン随一の地であるために、奥州の王は貴市へと使節の派遣を決めたのであり、その高貴さと寛大さを発揮して我々に援助と庇護を与えてほしい、などと要望している。

とりわけソテロ名義の書翰のほぼすべてにおいて、我らの聖なる信仰に理解を示す奥州の王は皇帝と縁戚関係にあり、彼は武力に優れた日本の最有力者の一人で現皇帝の死後に帝位に就くと目されているといった趣旨が述べられている。ソテロが特に重視した説得材料の一つとして注目されよう。

スペイン上陸

十月五日頃、スペインでの最初の寄港地であるサンルカール・デ・バラメダに到着した一行は、同地を統轄するメディナ・シドニア公爵から歓待を受けたとされ、移動のため馬車が遣わされ宿泊所も用意されている（『使節記』第一七章）。その一方でシドニア公は、レルマ公の閲覧に供するためにスペイン国王宛ての協定書の提出を使節に求め、さらに彼らがマドリードに赴くと大いに困惑すると思われるので、なるべく引き留めようと思っているとも述べている（同年十月九日付けスペイン国王秘書官宛てシドニア公書翰追記）。

また使節らはソテロ・支倉と随員三〇名の計三二名でメキシコから出発し、スペインに入ったといえそうである。シドニア公が「ヌエバ・エスパーニャを経て来た日本の大使たちが、マドリードおよびローマへ赴く使命をもって随員三十人を率いて当地（サンルカール）に滞在している」（同前）と伝え、大西洋の船上においてソテロが「（使節）船はヌエバ・エスパーニャに残し、十分な権威をもった護衛と随行員も、不便さや費用の節約のために、今は全員で三十人のみを連れています」（同年九月三十日付けセビリア市宛てソテロ書翰写し）と述べているからである。

その後一行は、セビリア市の要請によって手配された二隻の船に乗ってサンルカールからグァダルキビル川を遡り、コリア・デル・リオで上陸を果たした。この地でもセビリア市による配慮のもと物心両面からの接待を受け、セビリア入市の際に一層堂々と、そして華やかにみえるよう新調した衣服が用意されている。さらに市議会の委員でもあるソテロの兄ら数名がセビリア市の名代として大勢の陪審員や騎士らとともに派遣され、使節一行を出迎え歓迎の意を表している（以上、『使節記』第一七章）。名代を派遣して歓迎の辞を述べる件は、十月八日にセビリア市議会で決議されている（同年月日付けセビリア市議会議事録）。おそらく同日かその翌日には実行に移されていたものとみられ、使節一行や名代らがコリアに入ったのもその頃と考えられる。

セビリア市の支援

十月八日のセビリア市議会では、支倉とソテロが大西洋上で記したセビリア市宛て書翰を読み上げたうえで、セビリアのアルカサル

（王宮）を使節一行の宿舎にあてて食事も相応なものを供し、経済的に逼迫してはいるがそれらの経費は支出すること、ただしそれに見合う金子（きんす）の支給をスペイン政府へ懇請すること、一行がセビリアに入る日を定めて市長やすべての委員がなるべく出迎えること、必要ならば馬車・輿（こし）・騾馬（らば）を用意し可能な限り盛大に歓迎することなどもあわせて決議している。ソテロがセビリアの有力な一族出身だったこともあり、こうした方向性が示されたのであろう。

その傍らで、支倉・ソテロが大西洋上で記したセビリア市宛て書翰の写しとセビリア市側の意向を伝える書翰がスペイン国王のいるマドリードへと送られ、マドリードでは使節一行の処遇が協議された。その結果、使節にはセビリアの役人一名を同行させて道中の宿泊や待遇に便宜を図るとともに、今後の動向と処置について国王へ報告するよう命じられている（同年十月十四日付けスペイン国王宛てアルカサル城代代官書翰、同年十月二十六日付けセビリア市長宛て枢密会議書記官書翰写しなど）。

十月二十一日頃、コリア・デル・リオを出発した使節一行は、その日のうちにセビリアの城外約一〇キロのあたりでセビリア市が派遣した馬車や騎馬の行列と合流した。入場口となるトリアーナ門に近づくと、セビリア市長のサルバティエラ伯爵をはじめ大勢の貴族や市議会の委員らの出迎えを受け、ここで支倉らは馬車を降りて馬にまたがり、街道を埋め尽くした群衆から多くの喝采と歓声で迎えられつつ、トリアーナ門を通ってアルカサルへ到着したという。彼らは予定通りアルカサルを宿舎として提供されて、その夜には宴会が催され、その後も喜劇・舞踏・懇親会などがたびたび催されたようである（以上、『使節記』第一八章など）。一行はここセビリアに約一ヵ月ほど滞在することになる。

十月二十七日、セビリア市の特別参事会が招集され、ソテロと支倉らは議場で使命を披露する機会を得た。まずは支倉が、セビリア市宛ての政宗親書の内容を口上で披露した。それは日本語であったと思われる。次いでソテロが、この旅の経緯と日本の情勢、今後の旅程について説明し、セビリア市に支援を懇願した。市長はそれを受けて、一行が順調に進めるよう全面的に配慮することを伝えたという。その後、大使の護衛隊長で日本人武士の滝野加兵衛によって、政宗からの贈り物である太刀（剣）と短刀（懐剣）が呈上された。太刀は鞘付きで色絹の飾り紐のあるものであったとされる。市長は政宗親書と二口の刀を受け取り、最後は書記官によってスペイン語に訳された政宗親書の内容が読み上げられている（以上、『使節記』第一八章、同年十月二十七日付けセビリア市議会議事録など）。その後、市側の参列者からは一斉に賞賛の声があがり、市長は重々しい口調で政宗のキリスト教への態度と要望に敬意を払うと述べ、支援の意向を示している（『使節記』第一八章）。

セビリア市宛て親書

文倉が口上で内容を披露した政宗親書の原本は、セビリア市文書館に現存している。宛所には「せひいやしたあて」、すなわちセビリア市（cidade はポルトガル語で市・都市の意）とある。

その内容は、ソテロから貴い「天有主之御法」を聞き、「真之後生之道」だと思いながらも自分自身はやむを得ない障害があるためにキリスト教徒になれないでいるが、我が領国内を「御宗門」とするために今回ソテロ神父に支倉六右衛門と称する武士一人を添えて渡海させ、そちらの「大国之帝王さま」（スペイン国王）とすべてのキリスト教徒の父である「老間はつは（ローマパッパ）さま」へお礼を申し上げ、この願いを叶えてもらいたいと思い、両名を派遣した、とまずは記されている。次いで、セビリアが繁栄し、ソテロ神父の生まれ故郷であると聞いて重要と考え、両名を通じて感謝とお礼を述べ、その誠意の証に贈り物を進上するので、セビリアからもそれと同様の文書を下してほしいし、帝王様とパッパ様が我らの望みを叶えてくれるよう最も適切な配慮をお願いしたいと要望している。さらに、そちらには「ふね道」（航海術）に長じた「ひらう人（ピロート）」（航海士）が集まると聞いているので、直接日本からセビリアへ行くことが可能であるかなどを相談し、お決めいただければ毎年渡海するよう手配したい、などと述べられている。

その主眼は、セビリア市との友好関係の樹立と今後の支援を依頼することにあり、セビ

図21　セビリア市宛て伊達政宗親書（セビリア市文書館所蔵，高橋由貴彦 1981）

リア市会の書記官によって読み上げられたスペイン語訳の政宗親書も、右の内容とほぼ同じである。原本の料紙に施された装飾は、非常にきらびやかである。金箔と銀箔が上下に散らされ、その間には草花が金泥で描かれるほか、銀箔の野毛（糸状の切箔）が撒かれている。右下には金の長切箔があしらわれている。

署名「政宗」の下に捺された朱印は、自らの由緒を示す「藤原氏」という文字が陰刻された方形印が用いられ、この印章は実物も現存している（重要文化財、仙台市博物館所蔵）。大きさは縦五・九センチ、横五・五センチである。仙台藩領内では伝馬などの輸送関係文書に用いられる黒印として慶長六年（一六〇一）頃から多用されており、たとえば政宗親書案および親書原本とまったく同じ慶長十八年九月四日付けで、名取郡閖上（宮城県名取市）から仙台城へ材木輸送を命じた政宗黒印状（「伊達家文書」）が、まさにこの印章を用いている。それが朱印として転用されたことは明らかである。

ヌエバ・エスパーニャ副王宛て協定書のスペイン語訳（シマンカス総合文書館所蔵）には、「彼の領国から出される重要問題に用いる彼の家の印が押されている」とあるが、仙台藩領内での用途からみて、もともとそこまで高い位置づけにあった印章とは思われない。むしろこの印章が、政宗印判状から現在確認されている三二種類の印章のなかで、最も大きい「藤原氏」印であったために意図的に使用され（高橋由貴彦二〇一〇）、かつ江戸幕府の渡海朱印状を意識して朱印が使用されたとも解されている（仙台市博物館編二〇一三）。

また、日本語文での署名が「伊達陸奥守政宗」であるのに対して、スペイン語訳のそれは「署名は伊達政宗 Ydate Masamune、官位名は松平陸奥守 Matecundayra Mutsunocami」と言い換えられている。政宗は慶長十三年冬に徳川氏から松平の名字を賜っているからそれ自体は間違いではないが、ソテロとしては意識的に伊達家の家柄の高さを謳ったものであろうと考えられている（高橋由貴彦二〇一〇）。さらにいえば、伊達家と徳川家が姻戚関係にあることを特に重要な交渉材料と考えるソテロが、名字の下賜によって擬制的に徳川一門と位置づけられているという事実に着目して、両家の縁故関係を明示しようと意図したのかもしれない。

セビリア市出立

支倉とソテロが特別市会で政宗親書を披露したことは、その数日後にはマドリードへと報告され、マドリードでは今後の対応が再度協議された。その結果、使節らのセビリア市滞在中は引き続き厚遇し、マドリードの宮廷に出発する際にはセビリア市が荷物を運ぶ人間と馬車を調達して、その経費もあわせて負担することと決定された。十一月十五日、セビリア市では臨時市会が開催され、市の苦しい財政事情を考慮して反対意見も出されたが、最終的には使節一行がマドリードに向かうための援助を決定した（以上、同日付けセビリア市議会議事録など）。

図22　セビリアのカテドラル

セビリア出発が近づいた頃、支倉らはいくつかの聖堂を訪問して聖遺物を崇めたいと要望して認められ、セビリアのカテドラル（セビリア大聖堂）に招待された。タペストリー（絵画な

図23　ヒラルダの塔からの風景（東側）
手前に旧市街が広がる.

どがあしらわれた織物）や銀器などが数多く陳列された聖具室を訪れ、それらを見て非常に喜んだとされ、その後は高さを確認するためにヒラルダの塔にものぼっている（以上、『使節記』第一八章）。

セビリアのカテドラルは見る者を圧倒するほどの大伽藍で知られ、その大きさはスペイン最大ともいわれる。コロンブスの墓があることでも有名である。ヒラルダの塔は、カテドラルの脇にある高さ約一〇〇メートルの鐘楼である。現在もらせん状のスロープをのぼって上部からセビリアの市街地を一望できる。大伽藍の様相を目の当たりにし、塔からの眺めを堪能したであろう支倉は、おそらく驚きの声をあげたに違いない。

一六一四年十一月二十五日、一行はセビリア市を出立した。彼らには、輿二挺・騾馬三一頭・荷馬一二頭・大荷車二両・執事一名・宿営担当者一名・警吏一名・大膳職一名・料理人一名・その他の従者が与えられ、執事にはマドリードまでの道中に必要な現金が与えられていたという（同年月日付け枢密会議書記官宛てアルカサル城代代官書翰）。また通訳として、ソテロの兄弟であるファン・ソテロ神父がここから同行したとみられる（『教皇庁儀典日記』一六一五年十月二十九日条など）。その後、コルドバ、トレド、ヘタフェへと歩を進めた道中では、特にコルドバにおいて市長をあげた盛大な歓迎を受けたとされ、トレドでは当地にいる大司教を訪問して歓迎の意を表されたようである（『使節記』第一九章など）。

王都を包む歓喜と疑念

雪空のマドリード

十二月五日頃、ついに一行は王都マドリードに入った（一六一四年十二月二十日付けインディアス顧問会議収税官への勅書写しなど）。『使節記』第二〇章によれば、当日はこの冬で最も寒さが厳しく雪が降っていたと記されており、厳寒のなかで念願の王都に入ったことがわかる（なお、同書では十二月二十日に到着したとする）。

スペイン国王の命により、宿舎にはサン・フランシスコ修道院があてがわれ、滞在費用の拠出も決定された（同前勅書写し、『使節記』第一九章など）。サン・フランシスコ修道院に入った使節一行のもとには、貴族・領主・騎士らが多数訪れ、多大の祝儀と贈り物などを大使たちに贈ったという。またスペイン国王の執事・司祭長・国王の名代も訪れて、使節らの無事の到着を祝し、国王が満足している旨を伝えたともいう（以上、『使節記』第二〇章）。

スペイン国王との謁見

マドリードに滞在してから約二ヵ月後の一六一五年一月三十日、ソテロと支倉はスペイン国王フェリーペ三世との謁見を許された。一行は用意された馬車で王宮へと向かった。王宮内では警備兵の立つ廊下を進み大扉のもとへ案内され、広間へと入った。ここで支倉は、使命を伝達する厳粛な時にだけ着用する極上の衣服へと着替えている。

国王との謁見は、ソテロと支倉、そしてフランシスコ会インディアス宗務総長の神父という三名で行われている。奥の入口を入ると、その向こう側には天蓋の下に立つ国王がおり、国王の近くには重臣・貴族・騎士らが控えていたという。支倉を中央に置いた三名が跪（ひざまず）いて身を屈める礼法を三度繰り返したのち、国王の命に従って、はじめに支倉が日本語で演説を行った。通訳はソテロである。

支倉は、主命によってこの地へと来訪し、国王の面前に出られたことについての喜びと感謝を表明したうえで、仙台藩領への聖職者らの派遣とスペインとの和平協定の実現のほか、ローマ教皇にも聖職者の派遣について助力と許可を請願したいこと、加えてスペイン国王の御前でキリスト教徒になりたいといった願望などについて言上した。国王からの返

図24　現在のスペイン王宮

答を受けたのち、政宗の親書と協定書に接吻して（あるいは国王の手に接吻して）、それらをスペイン国王へと手渡したとされる。キリスト教の布教と貿易活動を一対とみなす、スペイン側の方針を尊重する政宗の意向が示されたのである。

この時、大使支倉がスペイン国王から与えられた返答は、キリスト教の信仰と布教に必要なことについては喜んで対応し、それ以外の協定事項は適当な機会をみて改めて用向きの件を聴くことにするであろう、我ら立ち会いのもとでキリスト教徒になりたいという願望には私も満足であり、願いどおり手配してすぐに適切な指示を下すつもりである、というものであった（以上、一六一六年刊『日本の大使が国王陛下に述べた口上と陛下の返答』、

『使節記』第二〇章)。信仰・布教・改宗といったキリスト教に関する部分については善処する返答が示されたが、政宗が最も望んでいたであろう貿易協定の結論は先送りされた格好になっているのである。

その後、使節の立場を援護するインディアス宗務総長の弁説がなされたが、ここでソテロが口上を願い出て許され、日本皇帝(家康)の使節としてスペイン国王へと奏請した。ソテロは、スペイン国王との友好関係と交流について日本皇帝から命じられて五年が経過し、その時は健康面の問題からムニョス神父が使節として派遣されたが、その間、日本皇帝にはオランダ人と友好関係を結ぶ不利益を説明し続け、今回改めてスペイン国王との交誼について協議するよう命じられており、ぜひそれを乞い願うものである、と演説した。それに対してスペイン国王は、それは大変喜ばしく、日本皇帝が示しているものと同等の厚意をもって対応しよう、などと返答している。その後ソテロは国王の手に接吻し、日本皇帝の書状を手渡したとされる(以上、『使節記』第二〇章)。しかしそこでは、幕府がキリスト教の布教を認めない方針であることは示されなかった。

しかも、日本皇帝の書状を手渡したと記述する史料は現時点では『使節記』第二〇章のみであり、それとは逆に使節らは日本皇帝の書翰を携えてきていないと指摘する史料も確認される(一六一四年十一月二十二日付け枢密会議奏議)。ビスカイノが持参していた慶長十七年（一六一二）の副王宛て家康親書・秀忠親書以外に、家康や秀忠が親書を作成した形跡も現時点では確認できず、以上から考えると、ソテロが日本皇帝の書状を持参し手渡したとする状況は疑わしさが残るといわざるを得ないであろう。

見直された国王返書

実はスペイン側は当初、日本との貿易に対して大変前向きであった。慶長十五年六月（一六一〇年八月）、ビベロらとともに浦賀を出発した幕府の大使ムニョスは、メキシコを経てマドリードへいたり、メキシコとの通商を希望する家康親書・秀忠親書や贈り物などをレルマ公らのもとへもたらしていた。それを受けて作成された一六一三年六月二十日（慶長十八年五月三日）付け徳川家康宛てスペイン国王返書には、日本にない品々を船載し、ヌエバ・エスパーニャから日本へ船を毎年一隻渡航させると明言され、交誼の証しに贈り物を贈ると記されていたのである（同返書案、インディアス総合文書館所蔵）。この返書作成の数日前には、こうした意向を副王らに伝達するスペイン国王書翰も作成され、この返書と贈り物を携える国王使節にムニョスを指名し、三名の修道士を同伴させ、翌年三月のアカプルコ出帆船で日本へ向かわせるよう命じている（同書翰案、同館所蔵）。

ところが副王は、メキシコに到着したこの返書と贈り物を日本に送り出すことについて、メキシコ側の貿易上の不利益や日本国内におけるキリシタン迫害の状況などを理由にいったん中止する判断をくだし、前述の一六一四年二月八日付け書翰でその旨をスペイン国王に宛てて書き送った。また、ビスカイノが持参していた慶長十七年の副王宛て家康親書・秀忠親書についても、ソテロらの手になる翻訳文とともに一六一四年十月下旬頃までにはスペイン政府側に受領されていたのである（同年十月三十日付けおよび十一月十一日付けインディアス顧問会議奏議）。

以上の情報などを得たインディアス顧問会議は、同年十二月二十三日、徳川家康返書の文面から貿易認可の部分を削除し、新たな返書と当初の贈り物を国王使節とともに政宗の使節船で速やかに日本へと直航させるよう、スペイン国王に対して上奏した（同年月日付け同会議奏議）。その結果、日本との貿易や江戸幕府との関係は見直され、徳川家康への国王返書は交誼への喜びと答礼、日本にいる修道士の保護を願うだけの内容へとつくり直されることになったのである（同年月日付け副王宛てスペイン国王書翰案、一六一三年六月二十日付け徳川家康宛てスペイン国王書翰改訂案文）。

つまりソテロと支倉は、日本との関係を見直す決定がなされた約一ヵ月後に、スペイン国王と謁見していたのである。

大使支倉の受洗

二月十七日、大使支倉は王立フランシスコ会跣足派女子修道院（デスカルサス・レアレス）の教会堂において洗礼を受ける栄誉に浴した。

図25　デスカルサス・レアレス

同修道院は、スペイン国王フェリーペ二世の妹フアナ王女が一六世紀半ばに創建し、その後もたびたび王女らが住むなど、王室ともゆかりの深い場所であった。代父をレルマ公が務め、フェリーペ三世や修道女のマルガリータ王女、この年フランス王妃となるアナ王女ら、多くの貴顕の臨席のもとで洗礼式は執り行われた。

前述のように支倉は、フェリーペ三世に謁見した際に国王臨席下での洗礼式の挙行を懇願し、前向きな返答を得ていた。その後、二月四日に実現したレルマ公との会見の場でも彼に代父を務めてもらえるよう願い出て了解を取りつけており、これらが現実のものとなったのである。国王の名を冠したキリスト教徒フェリーペ・フランシスコ支倉六右衛門の誕生であった。

スペイン国王は支倉に対して「神がそなたとそなたの王（政宗）をも良きキリスト教徒にしてくださるように、そしてそなたは神の恩寵の中にいるので、いま私のために祈ってほしい」と述べると、支倉は「自分は日本の騎士（武士）の中で一番の幸せ者です。それは自分が長く希望してきたとおりキリスト教徒となり、国王陛下の臨席を賜わるという名誉を授かって新たな生を受けたからです。生涯にわたって王室の繁栄を祈ります」と返答したという。

その後、支倉らは国王の命で修道院全体を見学し、すべての礼拝堂と聖遺物を見て回っている。そして最後に、支倉は国王から「ローマへと赴くのか」と問われ、「その旅に出るために陛下の許可と命令を待つだけです」と述べたといい、国王は「すでに命令を出した」といったので、支倉は感謝の意を表したという（以上、『使節記』第二一章・第二二章、一六一五年二月二十三日付けボルゲーゼ枢機卿宛てマドリード駐在教皇大使書翰など）。

スペイン政府の対応

一六一五年四月はじめ、インディアス顧問会議とスペイン国王の間では、使節の請願内容が改めて協議された。ソテロから請願内容の詳細が記された書面が提出されていたからである。顧問会議は、使節の来意とソテロの述べる経緯などを調査するため、健康を害してサラマンカに留まっていたムニョス神父への聴聞を実施すると前年十月末頃から表明していた。ソテロの書面はその聴聞の実施後（聴聞の時期・内容ともに未詳）、ソテロに下問を続けるなかで提出されたもののようである（一六一五年四月二日付け同会議奏議）。同年一月中旬頃までは使節から顧問会議にいかなる書類も提出されていないとみられることから（同年一月十六日付け同会議奏議）、おそらく使節の国王謁見前後に提出されたものであろう。

ソテロが提出した書面は、①使節のローマ行きの承認と旅費の支給、②イエズス会の司教が一人しかいない日本において他の托鉢修道会からも司教が多く選任・指名されること、③日本に派遣されるフランシスコ会修道士がソテロに数多く与えられること、④信仰・布教に必須となる物品（ミサ用のワインや祈禱書、修道服用の生地など）の支給、⑤神学校と宿舎を有するための費用の支給、⑥奥州の王との通交・貿易協定について許可されること、という六項目からなるものであった。これに対して顧問会議は、③についてはスペインからフィリピンへ二〇人以内の托鉢修道士の派遣を許可し、フィリピンの総督と大司教がフィリピンにいる修道士とあわせて人選・員数を検討のうえ日本へ派遣してよいとし、④もおおよそ認めたが、①②⑤は明確な理由がない、あるいは混乱を避けるために却下すべきであり、⑥については、感謝の意は示すが、日本皇帝への返答以上のものはないと決定し、国王へ奏上した。

しかし、これに対してスペイン国王は、遠方にいる日本人たちからも慕われるローマ教皇の威光に鑑みて、①は認める方針を示した。それ以外はおおむね顧問会議の方向性を尊重したが、②と⑥については使節が帰国したのち、日本における状況を見届けたうえで判断する、と結論を保留する態度を示している。ただし貿易については、全面的にオランダ人を排除することが必要とした（以上、同年四月二日付け同会議奏議、使節の要求事項ならびにスペイン国王の回答に関する覚書写しなど）。

使節船の帰航

こうした議論がスペインで行われていた一方で、メキシコでは使節船サン・ファン・バウティスタ号が日本へ帰国する時期を迎えていた。つくり直された家康宛て国王返書や別に作成されていた秀忠宛て国王返書、彼らへの答礼品を持参したスペイン国王使節らも同乗し、一六一五年四月二十八日（慶長二十年四月一日）、係留地のアカプルコ港を出帆したのである。国王使節は、ムニョスに代わってフランシスコ会士サンタ・カタリーナら三名が務め（以上、同年五月二十五日付けスペイン国王宛て副王書翰）、また同船には副王の手配でスペイン人船長・航海士・船員らも同乗し、航海にあたっている（元和二年〈一六一六〉七月二十四日付け副王宛て伊達政宗親書案、ファン二〇〇〇など）。

太平洋を横断した同船は、一六一五年八月十五日（慶長二十年閏六月二十一日）に浦賀へと到着した。カタリーナらは向井政綱・忠勝父子の保護下に入れられ、その後、駿府の家康のもとを訪れたが、返書と答礼品の奉呈は一切の会話も許されないままに行われたといい、江戸の秀忠のもとでは会うことも答礼品の受け取りすらも拒否された。その理由は、国内から宣教師らを追放したばかりの時に神父である自分たちが来日したこと、持参した返書のなかで修道士の保護を求めていたことが家康を非常に不快にさせたからであったという。その後もカタリーナらはぞんざいな扱いを受け続け、翌年に離日するまで不遇を極めている（以上、「スペイン国王親書等を携えたフランシスコ会修道士報告書」など）。

その一方で、浦賀に到着した使節船は大量の羅紗やガラス製品（窓ガラスなど）を積載しており、それが低価格で販売されたと記録されている（一六一五年十二月十六日付けイギリス商館長リチャード・コックス書翰など）。月浦からの出帆時のみならず、アカプルコからの寄航の際も貿易船という性格を帯びていたことが知られよう。

なお、使節船の太平洋横断中には、大坂夏の陣が起きている。徳川家が率いる約一五万人ともされる軍勢によって、約一〇万人の軍勢を抱える豊臣秀頼の居城・大坂城は慶長二十年五月七日（一六一五年六月三日）に落城し、翌日に秀頼が自害したことで豊臣家が滅亡へと追い込まれることになった合戦である。これによって江戸幕府の政権基盤は確固たるものとなり、これ以降、大きな合戦がなくなった。いわゆる「天下泰平」をもたらした日本史上の画期となる戦いである。

徳川家に与同した伊達政宗も一万八〇〇〇人以上の軍勢を率いて大坂冬の陣・夏の陣ともに参加し、各合戦の伊達勢の陣立書（「伊達家文書」）によれば、キリシタンの後藤寿庵(ごとうじゅあん)もそこに名を連ねている。冬の陣では鉄砲六〇挺を備える部隊を指揮する立場で、夏の陣では鉄砲一〇〇挺を備える部隊を指揮する立場で参陣しており、彼は伊達家の軍勢の一角を構成する武将でもあったことがわかる。

マドリード出立

前述した一六一五年四月はじめのスペイン政府での協議ののち、使節一行はこれとは別にスペイン国王へ追加の請願を書面で行っている。それは、念願の洗礼を受けた大使支倉がサンティアゴ騎士団の一員になりたいと希望している、というものであった。サンティアゴ騎士団とは、一二世紀にイベリア半島で設立された騎士団のことである。巡礼者や巡礼途上にある病院の保護などを目的に活動し、イスラム勢力との戦いで名声を高めたことでも知られる。ローマ教皇の直轄下にあったが、スペイン国王のもとで管理されていたため、このような請願がなされたのであろう。しかし、この請願はソテロが何か特別の目的のために支倉に勧めて行われたものだと判断され、支倉に野心に似たような行いをさせたソテロに注意を促すべきであるとして却下されている（同年四月二十九日付けインディアス顧問会議奏議など）。

その後は、支給が決まった前記諸経費の授受に関して詳細な詰めの協議が続けられる一方、使節らが宿泊するサン・フランシスコ修道院の院長からは、修道者のなかに俗人が長期滞在することから生じる混乱をはじめ、部屋の損傷、一階の病室を占有されたことに起因する病死者の増加などを理由に、使節らは修道院から一刻も早く退去し別の施設が与えられるよう訴え出られている（同年六月四日付けおよび七月九日付け同会議奏議など）。またスペインからローマへは、使節一行がローマへ向かうとの一報が発せられている（同年六月六日付けボルゲーゼ枢機卿宛てマドリード駐在ローマ教皇大使書翰、同年八月一日付けローマ駐在スペイン大使宛てスペイン国王書翰など）。

こうして一六一五年八月二十二日、使節一行はついにローマでの交渉に向けて約八ヵ月半滞在したマドリードを出発した。『使節記』の編著者となるシピオーネ・アマーティがマドリード駐在の教皇大使（カプアの大司教カエターノ）らの要請でここから同行し（以上、『使節記』第二三章）、以後スペイン語・イタリア語・ラテン語を操って通訳と折衝に従事していくこととなった（『教皇庁儀典日記』同年十月二十九日条など）。

使節一行が得た成果は、宗教・信仰面における前向きな返答のほか、ローマ行きの許可とその費用負担の承認、そしてスペイン国王臨席下における大使支倉の受洗などである。肝心の貿易交渉の結論は、明確に却下されないまでも保留され、この時点では結局、使節一行の思惑どおりには進展しなかったといえよう。

同年九月、スペイン国王はインディアス顧問会議の上奏を受け、ローマ駐在のスペイン大使（カストロ伯爵）に対して書翰を送った。その書翰には、聖なる信仰のために使節を当地で厚遇したが、彼らが当地で請願した内容について教皇が許可すれば多大な不都合が生じるので、貴下は慎重な方法で阻止するように。なぜならそれは日本のキリスト教界が直面する迫害の状況、およびこの使節が日本の皇帝ではなく、皇帝に従う奥州の王によるものであることから重要でないと判断したためであると記され、さらにスペイン政府が使節に与えた回答の写しも添付されていた。のちにこれらの写しは、スペイン大使からローマ教皇へも呈上されており、ローマでの使節の交渉をにらんだ周到な根回しが水面下では続けられていたのである（同年九月十五日付け同会議奏議、同年九月二十日付けローマ駐在スペイン大使宛てスペイン国王書翰写し、一六一六年一月八日付けマドリード駐在教皇大使宛てボルゲーゼ枢機卿書翰案文）。つまりこれが、スペイン側が最後に漏らした本音であった。

しかし使節らは、伊達政宗の夢を叶えるべく、さらにその歩みを進めるのであった。

ローマの歓声と囁き

記録された生活の様子

マドリードを出発した使節一行は、アルカラ・デ・エナレスやダロカ、サラゴサ、フラガ、レリダ、イゴラタ、モンセラートと経由してバルセロナへと到着した。九月下旬にバルセロナを出帆し地中海へと乗り出した使節一行は、十月初旬頃、フランス領サン・トロペに嵐のため二、三日ほど寄港している。十月十二日にはジェノヴァ共和国元首（総督）に謁見する機会も得た。そうして十月十八日、ローマの外港チヴィタヴェッキアに到着した（『使節記』第二三章〜第二五章など）。

サン・トロペやジェノヴァ、ローマでは、使節一行の身なりや生活の様子が詳しく観察され記録されている。それによれば、日本人はみな背が低く、肌は黄色で（または青白く）目は小さくてくぼみ、鼻は低くて鼻腔が大きく、額は広く、あごひげや頬の毛はなく、彼らの後頭部には白い絹布で髪を結わえており、その部分は小さな尾の形をしていたとされる。スペイン風の衣装を着用し、寝る時は裸になったという。長い剣と短い剣を肌身離さず携行し、その切れ味が非常に鋭いことも衆目の的であった。自国語以外は話せず、教会にいる時は恐ろしく敬虔な態度を示していたとも記されている。

使節一行には日本人の書記・小姓・料理人・給仕人がおり、食事の際に「二本の木の棒」（箸）を三本の指を使って食べることや熱湯（白湯）の飲用なども書き留められている。大使らがタマネギを加えたキャベツのポタージュを給仕されたとする、具体的な料理名が出てくる唯一の記述もある。紙は当地のものよりはるかに薄く、上から下に向けて筆で文字を書き、鼻をかんでは捨てる懐紙（鼻紙）にも大きな関心が示され、現地の人々が捨てられた鼻紙を揉み合いながら我先に拾い集めるさまを見て使節らが喜んでいたとするエピソードまで残している（以上、サン・トロペ領主および領主婦人報告写し、一六一五年十月付けサン・トロペのファーブル書翰写し、『ジェノヴァの儀典録』同年十月十二日条など）。

また、日本人や中国人は健康のため冷たい酒や温かい茶を好むと使節一行が話したという、加えて病弱な者のために彼らが携行したとされる燗道具もスケッチされている（一六二二年刊、フランチェスコ・スカッキ著『健康的飲み物に関する論文』）。使節一行はローマ教皇への贈答品として屏風や多くの南蛮漆器を持参していたことが記録上知られ（高橋あけ

図26　使節一行が携行したとされる燗道具（挿図の中段，『健康的飲み物に関する論文』仙台市博物館所蔵，仙台市博物館編2013）

み二〇一〇)、近年、政宗が使節に持参させたと考えられる洋櫃（ようびつ）がローマで確認されている(小山二〇一三)。

一六一五年十月二十五日、使節一行はシピオーネ・ボルゲーゼ枢機卿が手配した馬車などで待望のローマへと入り、ソテロ・支倉の両名がローマ教皇パウルス五世に非公式で謁見したのち、アラチェーリ修道院に宿泊した(『使節記』第二六章・第二七章、『教皇庁儀典日記』同年月日条など)。ローマで使節の接待役を務めたのがボルゲーゼ枢機卿である。彼は教皇パウルス五世の甥であり、側近として権勢を誇っていた人物である。

ローマ入市式

十月二十九日、ローマ入市式が挙行された。これは教皇が希望したことで開催される運びとなり、教皇庁が手配した式次第や手順に沿って行われた。

図27　現在のサン・ピエトロ宮殿と広場

ラッパ手を含む五〇騎ほどの近衛兵らを先頭に、騎馬で進む各国大使の一団や徒歩の貴族ら、群衆の気分を盛り上げる一四人の太鼓手と五人の騎馬のラッパ手、さらに馬に乗った多くの貴族・騎士らの隊列に先導されながら、使節一行は白馬や馬車、徒歩などでローマ市街をパレードしたのである。アンジェリカ門を南下してサン・ピエトロ広場にいたり、そこから東にあるサンタンジェロ城へ向ったのちは、テヴェレ川にかかる橋を南へ渡ってバンキ通りに入り、東南方向へ進みながらアラチェーリ修道院のあるカンピドリオの丘まで、約二キロに及ぶ行程であった。すべての道筋には無数の市民と多数の馬車が集まっていたといい、その時々には礼砲や音楽が盛んに鳴らされ

図28　「支倉常長像」(1615～18年，アルキータ・リッチ筆，個人蔵，佐々木徹2019)

ていたようである。

使節一行の先頭は、ローマの貴族に挟まれて白馬に乗って進む支倉の従者・小姓七名であった。シモン佐藤内蔵丞、トメ丹野久次、トマソ・ヤジアミ神尾弥治衛門、ルーカス山口勘十郎、ジョバンニ佐藤太郎左衛門、ジョバンニ原田勘右衛門、ガブリエル山崎勘助である（漢字の当て方については必ずしも正確でない場合もある、以下も同様）。その後には誉れ高い四人の武士とされるトマス滝野加兵衛、ペドロ伊丹宗味、フランシスコ野間半兵衛、アロンソ小寺外記、そしてグレゴリオ・マティアスが徒歩で続いた。その後ろには二組の従僕（馬丁）が馬にまたがって続き、一列目の者が薙刀と十文字槍を、二列目の者が閉じられた大きな唐傘と薙刀をみな直立に持っていた。グレゴリオ藤九郎、トマス助一郎、ジャコベ茂兵衛、ニコラス・ジョバンニ久蔵である。その後に続いたのが大使支倉六右衛門である。彼は教皇の甥にあたるスルモーナ公爵（当時一四歳）の右手に並んで、スイス人衛兵の騎馬に囲まれて徒歩で進んだ。その後ろには、シピオーネ・アマーティとマルティネス・モンターニョが馬に乗って続き、最後にルイス・ソテロらフランシスコ会の修道士（イグナシオ・デ・ヘススやファン・ソテロなど）がボルゲーゼ枢機卿の馬車に乗ってやって来て、さらにその後にも多くの馬車が続いたという。

この時の支倉の服装は、白地に絹や金銀で動物・鳥・花の刺繡が施され、ローマ風の襟飾りと帽子をつけていたといい、彼に敬意を表する群集に、非常ににこやかな顔で帽子を取って挨拶しながら歩いていたとされる（以上、『使節記』第二八章、『教皇庁儀典日記』同年月日条、一六二五年刊『ローマ入市式報告書』など）。ローマ・ボルケーゼ宮殿に伝来した立ち姿の「支倉常長像」（個人蔵）は、まさにその時の出で立ちを写し取ったものであり、ローマの大観衆の目に映った仙台藩の侍の姿であった。

ローマ教皇との公式謁見

十一月三日、ソテロと支倉はサン・ピエトロ宮殿においてローマ教皇パウルス五世との公式謁見を果たした。用意された馬車で一行が宮殿に着くと、支倉は黒い衣服を脱いで白と青の刺繡が施された格子柄の衣服に着替えている。それは日本風であったという。この衣服は、王・大公・皇帝の御前に出る時に着用する特別のものであったとされ、あるいはスペイン国王との謁見に際して着用し

図29 「ローマ教皇パウロ五世像」(17世紀, 仙台市博物館所蔵, 仙台市博物館編2013)

た衣服と同じであったかもしれない。彼らがいまだ洗礼を受けていない異教徒の王（政宗）の使節であったため、教皇や枢機卿が正装でなく通常服であり、謁見の場も本来の王の間（サラ・レジア）ではなかったが、それは枢機卿会室において厳かに執り行われた。

教皇との公式謁見は、ソテロ・支倉とフランシスコ会厳修派修道士グレゴリオ・ペトロッカという三名で行われ、彼らが入口を入ってすぐに跪くと、その左手奥側には天蓋の下の台上に置かれた深紅の椅子に教皇が着座しており、教皇の右手にはスルモーナ公が立っていた。ローマにいるすべての枢機卿が列席し、教皇の侍臣はもとより多くの聖職者やローマの貴族らも集まっていた。支倉を中央にして、三名が玉座の下へと導かれていく途中、彼らは歩んでは跪くことを計三度繰り返し、支倉とソテロが教皇の足に接吻したのち、ソテロの通訳のもとで支倉が日本語で話をしながら政宗親書と文箱を教皇に手渡した。それが教皇から秘書官へと手渡され、ラテン語で記された親書が秘書官により全員の前で声高に朗読された。仙台藩領へのフランシスコ会修道士の派遣、同領内における高位聖職者の任命、スペイン国王との外交交渉に関して教皇聖下に仲介の労を願うとする内容が、その一室に響き渡ったのである（以上、『使節記』第二九章、『式部職日記』同年月日条など）。

前述のとおりローマ教皇パウルス五世宛ての伊達政宗親書は、金箔・銀箔に彩られた美しい料紙が用いられ、日本語文とラテン語文の二種類が用意されていた（ともにヴァチカン・アポストリカ図書館所蔵）。日本語文は料紙を横長にして縦書き、ラテン語文は料紙を縦長にして横書きと異なっているが、料紙の大きさは長辺が九五センチ、短辺が三六センチほどでほとんど同じである（ちなみにセビリア市宛ての原本も大きく異ならない）。この二通に確認される折り目に従えば、ともに二

図30　ソテロ・支倉のローマ教皇謁見図（『使節記』ドイツ語版，仙台市博物館所蔵，仙台市博物館編2017）

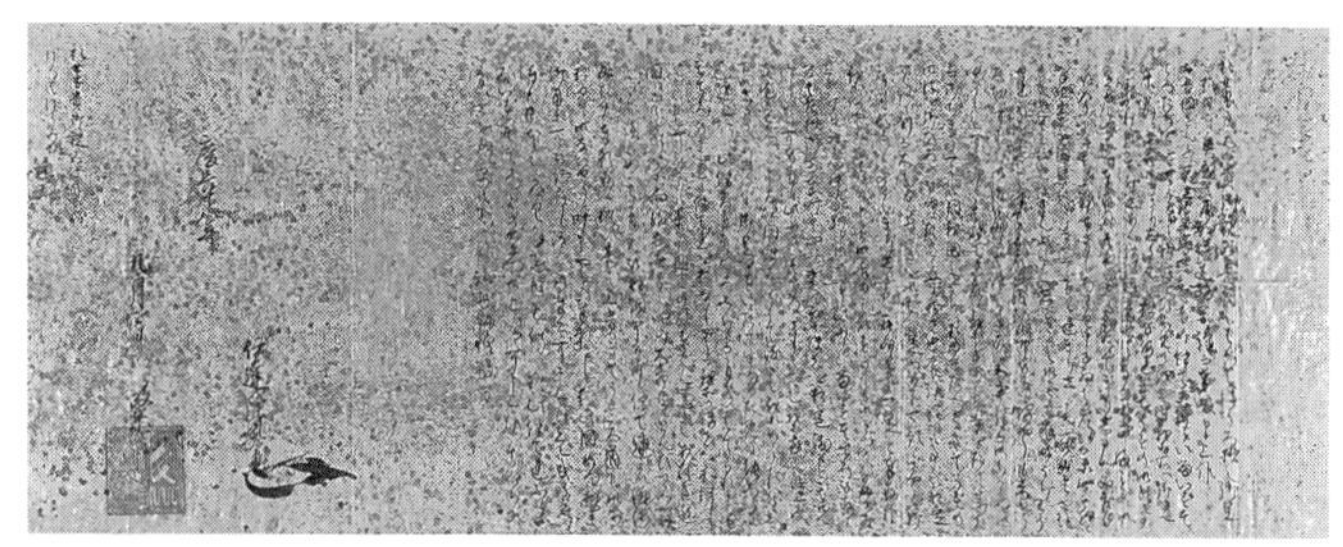

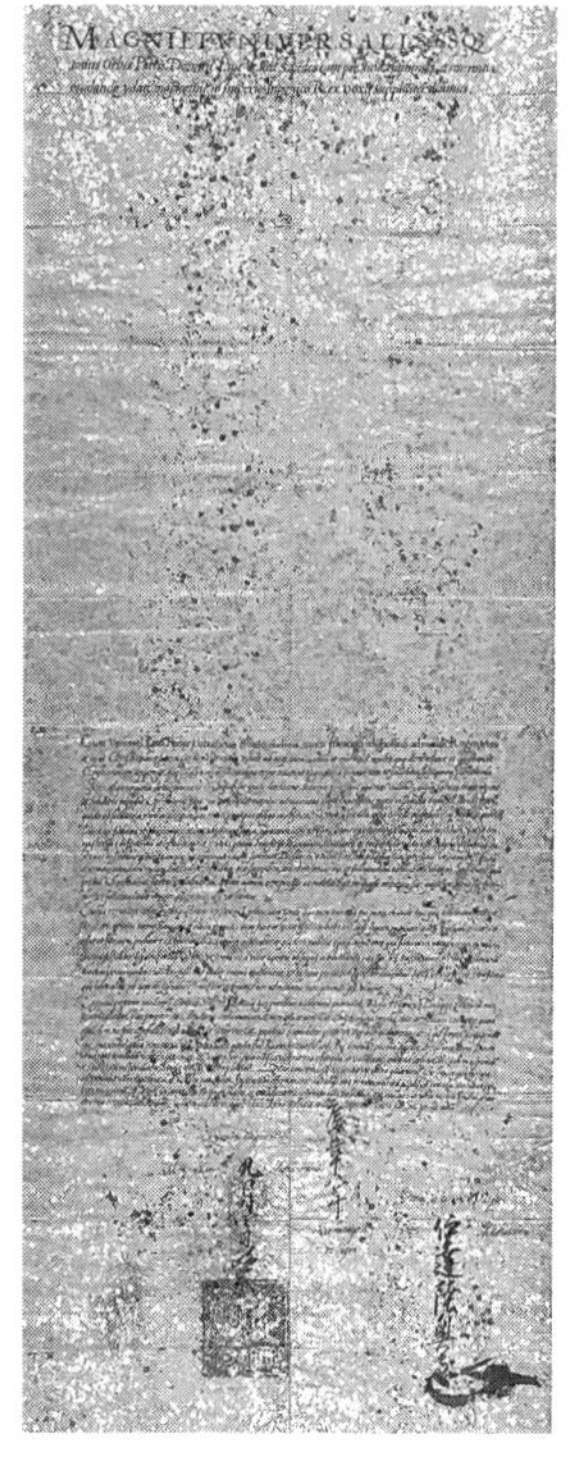

図31　ローマ教皇宛て伊達政宗親書と文箱（上・日本語文，右下・ラテン語文，ヴァチカン・アポストリカ図書館所蔵，高橋由貴彦1981）

四分の一の大きさ（約八センチ×約一八センチ）に小さく畳まれていたことが知られる。

　これらは蒔絵で装飾された美しい文箱（ヴァチカン・アポストリカ図書館所蔵）に納められ、使節一行によって大事に持参されていた。外面の装飾は、黒漆地に牡丹唐草文を表した部分と銀粉まじりの梨地に露のある薄を表した部分に分かれ、それぞれが大きな鋸の歯のような線で区画されている。大きめの牡丹唐草の大らかな描きぶりは、桃山様式の雰囲気を伝えるとされる。紅染の絹の房付き紐が付属し、箱の内面は黒漆塗となっている。小さく畳んだ親書に対して箱がゆったりと大きめなのは、畳んだ二通の親書を美しい錦などで包んで納めていたためとみられる（一六一五年十一月七日付けローマ通信など）。

　政宗親書の朗読後、しばしの休憩を挟んで使節を援護するペトロッカの弁説が行われた。彼はキリスト教がたどった歴史を引き合いに出しながら、異教徒の王・政宗がキリスト教に身を捧げることを誓い保護してきたと述べた。日本の西方から来訪した天正遣欧使節に対して、この使節が日本の東方から来訪しており日本全体に改宗の輪が広がっていること、政宗が非常に明敏な王で、資力や武力も強大で日本の皇帝と二重の婚姻関係を結んでおり、彼の王国が一丸となって政宗を模範としているように日本帝国もまた統合（改宗）されるべきだと私は期待していること、政宗はローマでの受洗を願い、敬神のために使節を派遣してきたのであり、教皇は彼らを一層快く受け容れるべきであることなどを滔々と演説した（『使節記』第二九章）。ソテロらから情報を入れて構成された内容とみられる。

この弁説に対して、教皇の名のもとに秘書官が答辞を与えた。教皇は天正遣欧使節以来の日本からの使節の来訪を非常に喜んでおり、奥州の王ができるだけ早く受洗することを強く期待して激励したい、そのうえで彼の敬虔な意思表明を受け容れるであろうと述べ、使節一行全員が教皇の足に接吻したのち教皇は退席した（『使節記』第二九章など）。

畿内キリシタンの請願、市民権の授与

使節一行は公式謁見の翌日から枢機卿やスペイン国王大使らのもとを歴訪し、さらに教皇に再び非公式で謁見している。大使らはその際にも「国王伊達」の名前で嘆願書を手渡し、奥州の王を慈愛と寛大な心で受け容れ、一日も早い修道士の派遣を懇願したともされる（以上、『使節記』第三〇章など）。十一月十五日には、支倉の秘書官とされる小寺外記がサン・ジョバンニ・イン・ラテラーノ教会において洗礼を受けて、パオロ・カミッロの名を与えられ、続けて堅信礼も授けられている（『使節記』第三一章、『ラテラーノ大聖堂洗礼記録簿』同年月日項など）。

また、同じ十一月十五日には、使節に同行していた日本人キリシタンの滝野加兵衛・伊丹宗味・野間半兵衛の三名が、ソテロとともに畿内のキリシタンを代表して教皇に謁見した。彼らは前述の畿内キリシタン連署状（ヴァチカン秘密文書館所蔵）をもとに請願内容の

QVOD·LVDOVICVS·RENTIVS·VINCENTIVS·MVTVS·
DE·PAPAZVRRIS·IACOBVS·VELLIVS·ALMÆ·VRBIS·
CONSERVATORES

図32　「ローマ市公民権証書」(1615年11月20日付，仙台市博物館所蔵，仙台市博物館編2013)

必要性を説き、その連署状を捧呈したようである（『使節記』第三一章）。十一月二十日、大使支倉をはじめ、野間半兵衛、小寺外記、滝野加兵衛、伊丹宗味、シピオーネ・アマーティ、マルティネス・モンターニョ、グレゴリオ・マティアスの計八名に、ローマ市の市民権を与えることなどがローマ市議会で決議された（同年十一月十九日・二十日付けローマ市議会決議録）。

このうち、唯一現存する支倉宛ての証書（ユネスコ記憶遺産・国宝、仙台市博物館所蔵）には、「PHILIPPO FRANCISCO FAXECVRA ROCVYEMON（フィリッポ・フランシスコ支倉六右衛門）」や「IDATE MASAMVNE（伊達政宗）」「VOXV（奥州）」「SANDAI（仙台）」などの文字がみえる。また、これによれば支倉は貴族にも列せられている。使節一行がローマで厚遇された様子を記録する日欧交渉史上の貴重な史料であるとともに、ヨーロッパと仙台の交流を記録する記念すべき史料ともいえるであろう。

ローマ教皇庁の対応　奥州の王・伊達政宗の名のもとに行われた使節の請願、そして畿内キリシタンの名のもとに行われた請願については、一六一五年十二月上旬までに協議がなされ、ローマ教皇による回答が用意された。なかには政宗親書に記された事項以外の請願も含まれているが、非公式謁見の際に嘆願書が別途提出されていたように、何らかの場面でソテロら使節からなされた請願も含まれているのであろう。

それらの請願内容とは、①仙台藩領へのフランシスコ会修道士の派遣、②同領内における高位聖職者（司教）の任命、③奥州の王が望む通交・貿易についてスペイン国王に斡旋すること、④奥州の王のカトリック王への叙任、それに伴う司教の任命権の付与と騎士団の創設の認可、⑤聖職者でない大使（支倉）が請願した、自身と家族・子孫の宮廷付き伯爵および騎士への任命、私的な礼拝堂の設置、⑥アマーティへの年金の支給について、⑦大司教の任命、⑧神学校の設立、⑨二六名の殉教者の列聖、⑩信心会（勢数多講）の承認・贖宥および聖遺物を有する祭壇の認可、⑪ソテロ神父の兄弟（ファン・ソテロ）の請願として日本の代表事務所の開設について、などであった。

これに対してローマ教皇庁は、①については魂の救済と福音の宣教のために派遣を認めるが、スペインから派遣されるべきなので、マドリード駐在の教皇大使が、その派遣方法についてはスペイン国王と、人選についてはマドリードにいるインディアス宗務総長と、それぞれ協議することとされた。②もまた信仰の維持・堅固のために正当と判断し容認するが、やはり教皇大使がその必要性を説明してスペイン国王・インディアス顧問会議と協議することとし、あわせて教皇がソテロの人柄を高く評価していることを考慮するよう教皇大使に書き送るとした。③についてもスペイン国王への請願を前進させるよう教皇大使に書き送るとした。④については政宗がキリスト教徒ではないので協議できないとしたが、⑤については認めている。⑥は理由がないと却下し、⑦も日本には司教が少ないため協議できないとした。⑧と⑩は認可、⑨は通常の書類審査が必要であり、もし望むなら手続きを行うよう求めるとし、⑪は必要性が認められないとした。このうち⑤⑥以外の回答項目は、教皇大使へと書き送られている（以上、日本使節の請願に対するローマ教皇の回答、同年十二月九日付けマドリード駐在教皇大使宛てボルゲーゼ枢機卿書翰案文など）。

これを受けて、伊達政宗・日本のキリスト教徒・スペイン国王それぞれに宛てたローマ教皇書翰が、いずれも十二月二十七日付けで作成された。その案文（ヴァチカン秘密文書館所蔵）によれば、伊達政宗には、使節がもたらした親書によって奥州の地まで福音が宣布されたことを知った謝意が述べられ、そのため使節を厚遇したが、貴下も神を讃えるだけでなく自ら教会の懐に入るよう促されている。つまり、理解するだけでなく実践せよと勧奨されたのである。そのうえで前述の①～④の回答の要旨が記され、贈り物への感謝も述べられている。日本のキリスト教徒には、日本でのカトリック信仰の発展を喜んでいると伝え、前述の⑦～⑩の回答の要旨が記されている。スペイン国王には、使節が望んでいる事柄と彼らの人格を大いに推薦するので、彼らの用務に援助と恩恵を与えてほしい、との要望が記された。

政宗親書などにも記される主要な請願内容（①～③）については、おおむねローマ教皇庁から前向きな返答を得たが、そのすべてにスペイン政府との再交渉が必要とされた。その際に鍵を握るのが、交渉窓口となるマドリード駐在の教皇大使（カエターノ）であった。

ローマ出立

一六一六年一月七日、使節一行は再度スペイン政府と交渉するため、いよいよローマを旅立つことになった（『教皇庁儀典日記』同年月日条など）。当初、ヴェネツィア訪問を希望していたものの、スペインへの帰路を急ぐことなどを理由にそれを取り止め、同地出身のグレゴリオ・マティアスに表敬の書翰を届けるよう託してローマを後にした（同年一月六日付けヴェネツィア共和国元首宛てソテロ・支倉連署書翰など)。

使節一行がローマに滞在したのは約二ヵ月ほどであったが、彼らの滞在中からその足跡や肖像画を積極的に残す動きがみられた。一六一五年には『使節記』イタリア語版や『ローマ入市式報告書』がローマで出版され、前者に挿図はないが、後者の扉には支倉の半身像の銅版画が収載された。一六一七年に刊行された『使節記』ドイツ語版にはソテロ・支倉のローマ教皇謁見図や支倉の全身像の銅版画などが挿入されている（以上、内山二〇一〇）。さらにボルゲーゼ枢機卿周辺の画家によって支倉の油彩の肖像画（仙台市博物館所蔵、個人蔵）が、また教皇パウルス五世の邸宅として使われていたクィリナーレ宮殿（現イタリア大統領府）内には、ペルシア・コンゴ・アルメニアの使節らと並んでソテロ・支倉ら六名の日本使節の壁画が制作された。この壁画は一六一六年八月から制作され、一六一七年三月までには落成を迎えている（以上、石鍋二〇一〇）。これらはいずれもカトリック世界の広がりを記憶にとどめる営為でもあったろう。

使節一行の出発の翌日、ボルゲーゼ枢機卿はマドリードにいる教皇大使に宛てて書翰を二通したためている（ヴァチカン秘密文書館所蔵）。それは、使節とスペイン政府との再交渉に向けて留意事項を補足したものである。特筆すべきは、ソテロが自己と親類の利益に甚だ熱心で奥州の司教職を志望しているとして警戒感を表し、さらに日本の皇帝によるキ

図33　クイリナーレ宮の慶長遣欧使節像
（壁画，1616～17年，アゴスティーノ・タッシ筆，五野井2003）

リシタンの迫害が新たに生じていることを伝えている点である。このなかでボルゲーゼ枢機卿は、教皇が日本の習慣や言語に熟達するソテロを司教に任命することに傾いているとも記しているが、その一方でソテロの態度に注意を促しているのである。また、日本の皇帝による新たな迫害の情報は当地のイエズス会員から得たと記しており、時間的な流れからみて使節の日本出発後に出された幕府禁令と取締りの状況を指していると考えられる。つまりローマ教皇庁は、日本のキリシタンが一層厳しい環境下に置かれている状況をこの時点で把握していたのである。

使節をめぐる光と影。スペインにおける再交渉を前に、その明暗のコントラストは一層際立つことになったといえるだろう。

執拗な外交交渉の果てに

スペイン政府との再交渉

再びマドリードへ

その後、スペインへの帰路についた使節一行は、一六一六年一月十八日にフィレンツェ、一月二十九日頃にジェノバに到着している。ジェノバでは、支倉が三日熱（マラリア）を煩って二週間ほど病床にあり、足止めを余儀なくされた。その間にソテロはスペイン国王らへと書翰を送り、使節の請願は国王陛下の意向と認可に委ねられたと伝え、今後の交渉と旅程への善処を懇願している（以上、同年一月十九日付けモデナ公宛てフィレンツェ駐在モデナ大使書翰、同年二月八日付けスペイン国王宛てソテロ書翰など）。一行がバルセロナに向けて船でジェノバを出立したのは三月十二日頃であった（同年月日付けヴェネツィア通信など）。

スペイン政府はちょうどその頃、使節らがマドリードへ入らずにセビリアへ直行し、当年六月下旬に出航するヌエバ・エスパーニャ艦隊に乗船すべきこと、さらにローマでの請願はソテロの勧めによるものであり、フランシスコ会インディアス宗務総長に彼を召喚して譴責するよう委ねるべきであるとの決定を下した。その内容は使節一行がマドリードに到着する一週間ほど前に書翰で彼らに伝達されたようである（同年四月十六日付けインディアス顧問会議奏議など）。

起死回生の一手

四月十七日頃、使節一行はマドリードに到着した。そこで彼らは、教皇大使と今後の要求などについて協議している。ソテロははじめ、深刻さを増す日本でのキリシタン迫害の状況を考慮して交渉の延期を言い出したようであるが、のちに考えを改め、ローマ教皇が許可した三点（おそらく前記①～③のことか）について、スペイン国王と協議するよう求めたという。これを受けて教皇大使はスペイン国王と協議し、教皇がそれらを許可したのは日本の新たな騒動（迫害）を知らなかったためと思われる一方で、まだその恩恵を撤回する話も出ていないことから、すぐに結論は出さずに様子をみるとの判断をくだしている。

とりわけ教皇大使が気にしていたのは、ソテロの来訪が日ごとに評判を落とし、その来訪の趣旨が適切であると周囲から認められていないという点であった。さらに教皇大使によれば、日本におけるキリシタン迫害の情報は当地のイエズス会の司祭たちからも報告があり正しいと考えられるが、ソテロ神父は自らの報告の正しさを維持しようとして、「奥州の王は現皇帝が死ぬのを待たずして皇帝位を手に入れるために皇帝に対して武器を取った」と今になって言い出し、「もし奥州の王が勝利を収めて皇帝位を継承した時には、キリスト教界は一層拡大するであろう」とも語った、と述べているのである（以上、同年月日付けボルゲーゼ枢機卿宛てマドリード駐在教皇大使書翰）。

前述のとおり、使節出発前から、日本国内にいるソテロ周辺のフランシスコ会士や信徒のなかには「政宗皇帝待望論」とも呼び得る期待感があり、これが使節による外交交渉においても説得材料の一つとして使われていた。しかしそこでは、政宗が次期皇帝になると目され、実際に皇帝になればキリスト教界は庇護され繁栄するとは語られていたが、政宗が皇帝位を手に入れるため家康を攻めたなどとは語られてきていない。ソテロの発言は、明らかに従来から一歩踏み込んだ発言となっているのである。

なぜ彼はこのような発言をしたのだろうか。メキシコで記された長文の覚書には、使節の交渉で貿易関係が成立すれば、家康がキリシタンへの態度を変えるのではないか、とする期待感が表されていた。そしてローマやスペインでは、日本で新たに起こったキリシタン迫害の情報が流れ、マドリードへ戻った今、交渉の行方はほとんどがスペイン政府の掌中に委ねられる状況となっていた。推測をたくましくすれば、ソテロのこの発言とは、使節の日本出発後に幕府が取締りを一層進展させたとする情報が彼の耳にも入り、使節の交渉いかんにかかわらず、もはや家康の態度が変わらないことを悟ったソテロが、スペインでの再交渉で当面のキーマンとなる教皇大使へと繰り出した新たな説得材料、つまり交渉を好転させるための彼なりの起死回生の一手だったのではあるまいか。

実は、ソテロのこの発言に近い情報がローマで確認される。それは一六一五年十一月以降、「奥州の王と都の国王（日本皇帝）との間に戦争が生じたために、今回の使節によって教皇の権威を介入させることが望まれていた」とする言説がローマからサン・トロペへと報告されているのである（一六一五年十一月頃ローマより戻ったビニョン氏の報告写し）。その情報源は、ソテロをはじめとするフランシスコ会士らがすでにローマで吹聴していたものであろうか。あるいは、ローマ教皇との公式謁見の場においてペトロッカが述べた一節がもとになって、尾ひれがついたものであろうか。ことの真相は判然としないが、「政宗謀反の噂」が早くにローマでも語り始められていた可能性がある。

乗船を拒否する大使支倉

一行はその後、ほどなくセビリアへと向かったようである。一六一六年五月十五日には、ソテロはフランシスコ会インディアス宗務総長から日本遣外管区長に任命されたといわれる。在日フランシスコ会修道院はもともとフィリピンのサン・グレゴリオ管区の管轄下にあったが、ソテロの提案もあって一六一四年にそこから独立した日本遣外管区長職が設けられ、別の神父が任命されていた。ところがその神父が死去したため、それに代わってソテロが任命されたというのである（ロレンソ一九六八）。譴責という話もあったが、これに従えばソテロはここで大きな成果を手にしたことになる。その直後の五月十八日には、ソテロは乗船許可を申請し（同年日月付けソテロ乗船許可請願書）、日本へ帰国する手はずを整えた。

六月に入り、スペイン政府は使節がさらに要望した二点について協議している。その要望とは、スペイン国王から政宗に対する贈り物（返礼品）の購入費用の支出、および政宗宛てのスペイン国王返書の発行についてであった。前者に関しては、彼らの遠方からの来訪自体に根拠や重要性が乏しいのにもかかわらず、これまでにも過分な厚遇を与え、さらにこのたびセビリア・メキシコ・フィリピンまでの旅費と各地での乗船の便宜がすでに与えられており、返礼品の購入は免じても差し支えないと判断されている。また後者に関しては、これまでの要求についてはすべて書面で返答しており、国王返書は省いても構わないが発行しても不都合は生じないので、日本のキリスト教界の状況をみながらフィリピン諸島で交付するとの決定をくだし、いずれも使節へと伝えられたようである（以上、同年六月四日付けインディアス顧問会議奏議）。

猛烈な強風のため出航を延期していたヌエバ・エスパーニャ艦隊は、七月初旬からようやく出航を始めた。しかし、ソテロ・支倉らは同艦隊に乗船しなかった。それは、支倉が国王返書の未入手を理由に乗船を拒否し、結局、使節一行の大部分を帰国の途につかせて、ソテロと支倉、日本人随員五名ほどでセビリア近郊のロレート修道院に残留したためであった。乗船拒否の一報を受けたスペイン政府は、出発が遅れていた船での退去を期して、すみやかに国王返書を発行し手渡すよう方針を転換した（以上、同年七月六日および八日付けスペイン国王宛て通商院長官ら書翰、同年八月二十七日付インディアス顧問会議奏議など）。使節らの残留は不都合であると考えるスペイン政府にとって、それは是が非でも回避したかったのであろう。

かくして国王返書は発行された（同年七月十二日付け）。しかし、その内容は、伊達政宗に対して使節派遣とキリスト教の保護への謝辞を述べ、その喜びを示すために使節のスペイン・ローマへの旅と帰国までの厚遇を命じたと記したうえで、伊達領にいるキリシタンらへの厚遇を切望し、また日本の皇帝宛ての書翰を別にしたためていると伝えるのみであった（同返書案、インディアス総合文書館所蔵）。国王返書をどうにか受領したとはいっても、これまで積み重ねてきた外交交渉への返答がまったく記されていないその内容は、支倉にとって決して満足できるものではなかったはずである。

支倉は結局、体調不良であることに不安を覚えると主張し、ソテロもまた回復してから乗船するのがよいと助言した結果、使節は再度乗船を拒否して、もう一年のスペイン残留を決意したのであった（一六一七年四月二十日付けスペイン国王宛てソテロ書翰）。

巻き返しを図る

スペイン政府とのこうした綱引きの傍らで、ソテロ・支倉はローマ教皇庁にも懸命の折衝を続けていた。同年八月十日頃にボルゲーゼ枢機卿に対して書翰を送り、司教一名の任命とフランシスコ会修道士一二名の派遣などを請願し、スペイン国王や大臣らがそれを認めるよう働きかけてほしいと要請して承諾されている（同年十二月十一日付けソテロ宛てボルゲーゼ枢機卿書翰案文など）。しかし具体的な進展がなかったのか、その後も同様の要請は繰り返され、一六一七年三月、ボルゲーゼ枢機卿はスペイン政府の決定に任せるという態度を示すにいたっている（同年三月二十二日付けマドリード駐在教皇大使宛てボルゲーゼ枢機卿書翰案文）。ローマ教皇庁からスペイン政府への働きかけが十分に機能しなかったのは、教皇大使によるソテロへの不信感が大きく作用したようである（同年五月三十日付けボルゲーゼ枢機卿宛てマドリード駐在教皇大使書翰）。

一六一七年四月、ソテロがセビリア市議会の協力を取りつけたうえで（同年四月十二日付けセビリア市議会議事録など）、セビリア市・ソテロ・支倉それぞれからスペイン国王に対して書翰を発している（同年四月二十日付けセビリア市書翰、同年月日付けソテロ書翰、同二十四日付け支倉書翰）。支倉の書翰は本文・署名がスペイン語だが、自筆署名が日本語で記されているものである。三通ともに、昨年五月に日本から来た書翰によって国内の戦争（大坂冬の陣）と迫害のなかでも政宗はキリスト教をいまだ保護していると知ったと述べ、出発の時が再び迫っているので司教の任命とフランシスコ会修道士数名の派遣を許可してほしいと嘆願したものだが、支倉の書翰にだけは、ヌエバ・エスパーニャから日本への貿易が不可能ならばスペインと直接貿易することを認め、フィリピン総督には政宗と特別な友好関係を持つよう命じてほしいと懇願する一文が最後に添えられている。

日本とスペインが直接貿易を行うといった要望は、政宗親書案に若干触れられているとはいえ、外交交渉の過程ではこれまでになかった内容であり、交渉上の方針転換を図った様子がうかがえよう。こうした支倉の外交姿勢からは、使命を果たさずには帰国できないと考える彼の必死さが読み取れるように思われる。また支倉書翰にのみ貿易の一件が記されている点には、司教の任命や日本布教を強く望むソテロと、貿易を強く望んでいた政宗という立場の違いが、支倉を通して表出しているともいえよう。

その後さらにソテロと支倉は、政宗に対する贈り物（返礼品）の購入費用の支出、ソテロが指名する八名の修道士の同伴と彼らへの書籍数点の支給、セビリア・メキシコ・フィリピンでの渡航費用・滞在費用の支出、行く先々で宿泊・乗船などの便宜が得られるための推薦状の発給をスペイン国王に対して請願した。これらについてはレルマ公からの好意的な後押しもあってすべてが認められ、インディアス顧問会議もまた今年夏の艦隊で支倉がヌエバ・エスパーニャへ必ず渡航することを条件にその意向を受け入れるにいたっている。ただしソテロは、支倉と一緒に渡航しても、残留しても構わないとされた（同年六月十六日付けインディアス顧問会議奏議など）。

政宗謀反の噂

使節一行がジェノヴァに滞在していた頃、日本では政宗をとりまく事態が急変していた。元和二年正月（一六一六年二月）から二月にかけて、松平忠輝・政宗と家康の間に合戦が起き、当時仙台にいた政宗に対して将軍が出陣するという噂が江戸市中に流れたのである。さらにこの後も、七月から八月にかけて似たような噂が流れたという。一連の「政宗謀反の噂」については、近年平川新氏が注目しており（平川二〇一〇・二〇一八a・b）、以下、同氏の整理をもとに概観してみよう。

一度目の噂は、豊前国小倉藩の細川家や長門国萩藩の毛利家、肥前国平戸のイギリス商館長リチャード・コックスの当時の文書・記録によって報じられている。『木村宇右衛門覚書』中巻（「伊達家文書」）などによれば、政宗は駿府で病床にあった家康の求めに応じて二月中には仙台から駿府へと馳せ上った。途中、江戸の町ではここかしこと陣立ての用意がなされていたという。政宗に対面した家康は、もし「怪しみ」（謀反の意思）があれば駿府まで馳せ参じることはなかっただろうといって心を落ち着かせ、自分の死後、将軍秀忠を支えてほしいと後事を託したともされ、政宗は事なきを得たとされている。

この時、家康から政宗に語られた話では、大坂夏の陣での遅参で家康から勘当されていた松平忠輝が、「自分が大坂の陣に遅参したのは、政宗が豊臣方に内通し、行軍をいたずらに遅らせていた影響で自分たちの進軍が妨げられたためであり、政宗は今は仕方なく御奉公しているが、家康の病気を幸いに天下を奪うつもりでいる」などと述べたことが、事の発端であったという。それによって秀忠は江戸に帰って「仙台陣」の準備に入ったが、家康はその真偽を確かめるため政宗のもとへ駿府に来るよう使いを出したのであり、今後は忠輝を子とは思わない、政宗も子（娘婿）とは思うな、と語ったとされる。平川氏は以上の家康の言動を受けて、政宗の離反を防ぐため忠輝の讒言を利用した牽制策であったとする。

その後、家康は四月十七日に亡くなった。将軍秀忠が名実ともに「日本皇帝」となったのである。七月六日には忠輝が改易され、伊勢国朝熊（三重県伊勢市）へと配流された。すると、その直後から八月にかけて再び忠輝の不穏な動きが噂され、仙台へ戻っていた政宗を討つため幕府が出陣するという風説が再び流れたのである。これらもまた前述のリチャード・コックスや、細川家の当時の文書・記録によって報じられている。特にコックスは、イエズス会やその他の神父らが扇動して、この事態すべての火つけ役をしているという噂が広まっている、とも書き留めていた。

こうした噂が流れた七月から八月にかけては、幕府の禁教政策と政宗の使節派遣に新たな動きが出た時期でもあった。同年八月八日（一六一六年九月十八日）、秀忠はあらためて禁教令を発してその励行を諸大名へと通達し、さらにヨーロッパ船の寄港地を平戸と長崎に限定する方針を示したのである。秀忠は、対スペイン外交で貿易と禁教の間を揺れ動いていた家康に比べてキリスト教を著しく嫌悪し、禁教方針に対して厳格な態度を示していたことでも知られる。その一方で、同年六月頃には政宗の使節船の再出帆について幕府から許可を出す動きがみられ、その後の八月二十日にメキシコに向かって出帆している（詳細は後述）。

二度目の「政宗謀反の噂」について平川氏は、こうした時期に集中的に噂が流れていることなどから、これら一連の動きは相互に関係しているとみなせるとし、キリスト教を容認する使節を派遣してスペインとの提携を模索する政宗を牽制するため、幕府側から意図的にこの噂を流したのではないか、政宗の使節派遣に対する幕府側の疑念がその背景にあったのではないか、とする見方を提示している。

以上のとおり、二度の「政宗謀反の噂」の背景については、使節派遣も絡んだ幕府と政宗の地政学的関係から読み解く理解が示されている。ただし二度目の噂については、「政宗皇帝待望論」とも呼び得る期待感が度重なる幕府の禁教令の強化によって膨張し、世間に取り沙汰されていったとする事態も想定し得るかもしれない。なお、ローマで先行して発せられていたとみられる「政宗謀反の噂」との因果関係については、現時点では判然としない。

使節船の再出帆

浦賀に係留されていたサン・フアン・バウティスタ号は、使節一行を迎えに行くため、再びメキシコへと向かった。『貞山公治家記録』および『徳川実紀』によれば、同船は政宗家臣の横沢将監を船長として元和二年八月二十日（一六一六年九月三十日）に出帆し、堺商人や向井忠勝配下の船頭も同乗させていたとする（ともに同年月日条）。また、同船は死没前の家康がメキシコへ送還させるよう命じていたサンタ・カタリーナ神父らを帰国させる船ともされ、ほかにもスペイン人の水夫が一〇〇人おり、日本人は二〇〇人以上いたともされる（一六一七年二月二十四日付け副王宛てカタリーナ書翰、『ディエゴ・デ・サン・フランシスコ報告書』第八章など）。なお、『貞山公治家記録』『徳川実紀』では、同船が和泉国堺（大阪府堺市）から出帆したと記している。これに従えば、同船は浦賀から堺経由でメキシコへ向かったことになるが、事実かどうかははっきりしない。

同船には、メキシコで売却して日本へ多額の銀を持ち帰るための多くの商品が積載されたといわれている（「スペイン国王親書等を携えたフランシスコ会修道士報告書」）。出帆の約四ヵ月前となる元和二年四月頃には大坂で小粒の胡椒が日本人船長（横沢将監か）によって購入され、同年六月頃には京都で注文された漆器が同船のために海路で江戸へと回送されている。また、オランダ人航海士で朱印船貿易にも従事したヤン・ヨーステンが、同船に乗るスペイン人たちに江戸で陶磁器などを売却しようとする動きも確認される（以上、一六一六年五月十二日および同年九月三十日付け平戸オランダ商館長宛てワウテルセン書翰）。二度目の航海においても、サン・フアン・バウティスタ号は貿易船としての性格を帯びていたのである。

その出帆にあたっては、前述のとおり事前に幕府から許可を得ていたことが知られる。元和二年六月十四日、幕府年寄（老中）が金地院崇伝のもとへ使者を遣わして「濃毘数般へ渡海の御朱印」の書式を尋ね、その要望が「このたび向井将監（忠勝）が船を出す予定であり、他国で用いている場合と同様でよいので、その書式を書き付けてほしい」ということであったため、崇伝は求めに応じてその書式を記した自筆の書付を使者へと引き渡している（『本光国師日記』同年月日条）。同船がカタリーナらの帰国船となった関係もあってか、幕府年寄が渡海朱印状を発行させて出帆許可を出す手はずを整えていたことがわかるとともに、同船の建造や最初の出帆の時と同様、再出帆に際しても向井忠勝が深く関わっていたことがうかがえる。

同船の航海は悲惨な状況であったようである。アメリカ大陸付近までは航行できたようであるが、最後は帆柱を失い、浸水に見舞われて陸地にたどり着けない状態に陥っている。そこで上陸地を探索するため小舟に乗り替えた横沢将監やカタリーナら数名は、一六一七年二月二十三日（元和三年一月十八日）頃、カリフォルニア湾のロス・モリネスと呼ばれる土地の入江にたどり着き、損傷した同船は三月上旬になってようやくアカプルコへと入港した。その後、日本から積載してきた商品には、関税の支払いを条件に荷揚げの許可が与えられている（以上、同年二月二十四日付け副王宛てカタリーナ書翰、同年三月十三日付けおよび五月二十四日付けスペイン国王宛て副王書翰など）。

二通目の副王宛て親書案

横沢将監らはその後改めて持参した政宗親書を副王へと提示したようである。これもまた原本は確認されていないが、元和二年七月二十四日（一六一六年九月五日）付けの二通の案文（『南蛮へ之御案文』）のみから、その内容を知り得る。一つは副王宛て、もう一つはフランシスコ会ヌエバ・エスパーニャ宗務総長宛てである。

前者の親書案では、まず前回の渡海の際の厚遇、特に帰朝にあたって航海士や船員らを同乗させてくれたことへのお礼を述べたうえで、日本の将軍から許可を得て今回この船を渡海させたが、それはスペイン国王のもとに向かった使節らがこの年にメキシコへ戻ってくるので、必ずこの船を渡海させるようにとソテロから連絡があったからである、と再出帆にいたる経緯を記している。さらに、最終的にはスペイン国王から「御朱印」が整えられるはずなので、それ以後は年々（船を）渡海させられるよう適切に取り計らってほしいこと、この船には商人と荷物を積んでいるので、帰朝前にそれらの道具類をうまく処理し終えられるようご裁可いただき、来年帰朝の際にも航海士らを同乗させてほしいし、日本で必要なことがあればその通り命じて厚遇すること、贈り物を貴殿と「御上様」へ三種ずつ進上するが、これからはメキシコで必要な道具を渡海させるつもりであることなどを伝え、詳細は「かびたん（カピタン）横沢将監」が口頭で申し上げると締めくくっている。

後者の親書案には、道具類のやりとりと航海士らの同乗の件がみられないかわりに、副王への執り成しを要望する一文が加えられているが、それ以外は前者とほぼ同文である。

ここで謳われている内容は、船の往来と道具類の取引の話が中心であり、フランシスコ会伴天連衆の派遣については明確な記述がない。もちろん、新たにスペインやメキシコから派遣されるであろう修道士はこの船で往来する前提となっていたから、二度目の親書案ではそうした文言を省略したと考えることもできるが、政宗は家康亡き後、禁教方針を明確にした秀忠に配慮して当初の外交方針に軌道修正を図り、使節船の再出帆を行ったとする見方もある（平川二〇一〇）。確かにこの親書案の作成は、イエズス会や他の神父らとの関係も取り沙汰される「政宗謀反の噂」がくすぶり、かつ禁教に厳格な態度で臨んでいたとされる秀忠のもとで幕府がキリシタンの禁教方針を一層強化するさなかに行われているから、そのように考えるのが自然であろう。

使命と望郷のはざまで

ソテロ・支倉、メキシコへ

一六一七年七月四日、ソテロ・支倉ら計八名はようやくメキシコに向かってセビリアを出立した〈同年月日付け日本の大使および五人の日本人随員と一人の聖職者を伴ったルイス・ソテロのインディアスへの通過記録〉。大西洋を再びスペイン艦隊で横断した彼らは、同年十月二十日頃にはメキシコ市へと到着していたようである〈同年月日付けスペイン国王宛て副王書翰〉。

関税の支払いを条件に使節船から荷揚げが許された日本の商品はすでに売買に供されていたようだが、それを聞いたソテロ・支倉らは同年十一月末頃に課税免除の請願書を副王に宛てて提出している〈同年十一月二十八日付け副王宛てソテロら請願書、〈同年月日付カ〉支倉六右衛門請願書など〉。関税を徴収されれば滞在費用や帰国費用、日本へ持ち帰るよう依頼されている物品の購入代金の捻出に窮するだけでなく、フィリピン船が日本にもたらす財貨にも新皇帝（秀忠）が報復として厳しく課税し、多くの貿易従事者の生計や修道士らの定着が危うくなるだろう、といった理由をもとに請願されている。これを受けて副王側では貿易従事者の問題を中心に調査と協議を進め、最終的に課税免除を決定した（同年十二月十九日付け副王裁定）。

その後ソテロは、スペインへと書翰を送った（一六一八年二月三日付けインディアス顧問会議議長宛てソテロ書翰、同年二月四日付けレルマ公宛てソテロ書翰）。どうやらそれ以前に、日本におけるキリシタン迫害の状況などを憂慮してスペインからの修道士の派遣を中止するとの判断がくだされ、その情報が使節側に伝えられたらしい。そこでソテロはこの書翰を送り、これはローマ教皇やスペイン国王が許可した案件であるから考え直してほしい、と要望したのであった。

さらに、このなかでソテロは横沢将監が持参した副王宛て政宗親書の内容にもふれ、日本国内では確かにキリシタンを取りまく状況が大きく変動しているが、政宗は修道士らの派遣を求めて使節船を再出帆させており、彼の胸中と願望は少しも変わっていないと伝えている。しかし、前述のように当の政宗親書案にはそうした言辞がみられない。実際に副王にはどのような文面の政宗親書が提出されたのか、あるいは口頭などでどのような説明がなされたのかはわからないが、スペイン政府に伝えられたこの一文は親書案に示された政宗本来の意図とかけ離れているといわざるを得ない。

しかもそれだけではなかった。政宗が日本国内においていかに強大であるかを述べるくだりでは、横沢将監から聞いた話として、政宗が日本の皇帝から迫害を受けている三〇万人以上のキリスト教徒たちを自身のもとに集結させ、その援助を得て現皇帝を倒して新たな皇帝となり帝国を永続させようとしている、とソテロは述べるのである。もし政宗が領内にキリスト教界の高位聖職者を持つならば、キリスト教徒は増加しその実現はさらに容易になるとも述べている。果たしてこれが、実際に横沢将監が語った話かどうかはわからない。日本国内で「政宗謀反の噂」が流れていることは伝えられたかもしれないが、これまでにみたソテロの言動を考える時、さらに過激さを増す彼のこの言葉にも疑いの目を向けざるを得ない。

メキシコからフィリピンへ

その一方でメキシコでは、海路フィリピンへと向かう準備のなかで使節船の処遇が話題に上っていた。ソテロ・支倉らがメキシコ市へと到着する頃にあたる一六一七年十月二十日、副王はスペイン国王へ書翰をしたため、財政の会議で使節船の購入を検討し始めていると述べている。フィリピン諸島へ向かう使節船には航海士や船員がいないためにスペイン人を同乗させなければならず、かつマニラへの航海を待っていた新フィリピン総督アロンソ・ファハルド・デ・テンサの渡航にも活用できるために有効であると考えたからであった（同年月日付けスペイン国王宛て副王書翰）。またファハルドは、オランダとの戦いに備えて自身の大勢の兵士をフィリピン諸島へ運ぶために使節船を提供してほしいと使節側に要請し、承諾されている（前掲インディアス顧問会議議長宛てソテロ書翰、一六二四年一月二十日付けローマ教皇グレゴリウス一五世宛てソテロ書翰など）。使節船の購入が、この地ですでに使節側へと要請されていた可能性も考えられるが、実際にこれが購入へといたるのはフィリピンにおいてである（詳細は後述）。

なお、明確な時期はわからないものの、横沢将監は一六一八年一月以前にメキシコで洗礼を受け、新総督ファハルドを代父としてキリシタンとなっている（前掲インディアス顧問会議議長宛てソテロ書翰など）。

そうしてソテロ・支倉ら使節一行には、約五ヵ月滞在したメキシコを離れる日が近づいていた。出立にあたって彼らは金銀の持参が原則として禁じられ、日本から持ち込んだ商品の処分から生じる代価はメキシコの産物や商品を購入することで消費するよう命じられたが、マニラでの準備のため大使に一万二〇〇〇ペソ、船長（横沢将監）には八〇〇〇ペソの持参が許された（一六一八年五月二十五日付けスペイン国王宛て副王書翰）。

一六一八年四月二日、一行はサン・ファン・バウティスタ号でアカプルコを出帆した。日本遣外管区長に任命されていたとみられるソテロは、フランシスコ会ヌエバ・エスパーニャ宗務総長から同職についての了承を得て、八名の修道士を同行してマニラへと向かっている（以上、ロレンソ一九六八）。

息子への手紙

一六一八年八月十日（元和四年六月二十日）、一行は約四ヵ月の航海を経てルソン島（カビテ港）に到着した。その二日後、支倉六右衛門は息子の勘三郎（常頼）に宛てて書状を出している（〈元和四年〉六月二十二日付け支倉勘三郎宛て支倉六右衛門書状、東京大学史料編纂所所蔵）。前述のように、「長経」の署名がみえる書状の一つであり、日本国内に残る唯一の手紙でもある。内容は次のようである。

> 便り（が来た）と喜び、一筆申し入れる。当年三月にノビスパンを出発し、海上では何事もなく無事にルソンへ六月二十日に到着したところである。我らも当年中には帰りたいところだが、ここで殿様（政宗）の買い物などをいたし、また船などを拵えることになれば、期日までに余裕がなく行くことができない。来年の六月には必ず必ず帰朝するつもりである。これを聞けば満足されるであろう。まずまずこちらは何事もなく、御足軽の三人衆をはじめ、内の者（家来・召使）たちもみな息災で（こちらへ）来ている。清八・一助・大助の三人はノビスパンから走り逃げてしまった。また、

そちらより迎えに来られた人は船のなかで死んでしまったので、買った物もすべて無くなって届かなかった。また、おおば様（祖母）や母へはよくよく懇（ねんご）ろにしなさい。（殿様への）御奉公に努め、万事において油断のないように忠右衛門尉を付けるのである。重ね重ねお見舞いを申し述べるところである。詳しい状況を伝えたいところではあるが、急ぎの便りなので、いずれまた書いて伝えようと思う。かしく。

返す返す、小野長門（おのながと）殿をはじめ、誼（よしみ）の衆も手紙を寄越したと言っているが、（おまえの手紙が）急ぎの便りだったためか、（一緒に）来なかった。このことをよくよく伝えてほしい。またご懇ろの衆にも同じように伝えてほしい。

六月廿二日　　長経（花押）

るすんより

文倉かん三郎殿

同六（ママ）衛門

冒頭の一文からわかるように、これは息子から来た手紙への返書であった。その手紙を喜ぶとともに、メキシコからフィリピンへの航海の無事や同行者の状況を伝え、主君政宗のための買い物や船の支度などがあってすぐには戻れないが、来年には必ず帰国すると述べて、安心するよう言い添えている。さらに勘三郎の祖母や母、つまり六右衛門の母や妻を大事にし、そして政宗への奉公も絶対に油断しないようにと強く諭し、追而書（おってがき）では周囲

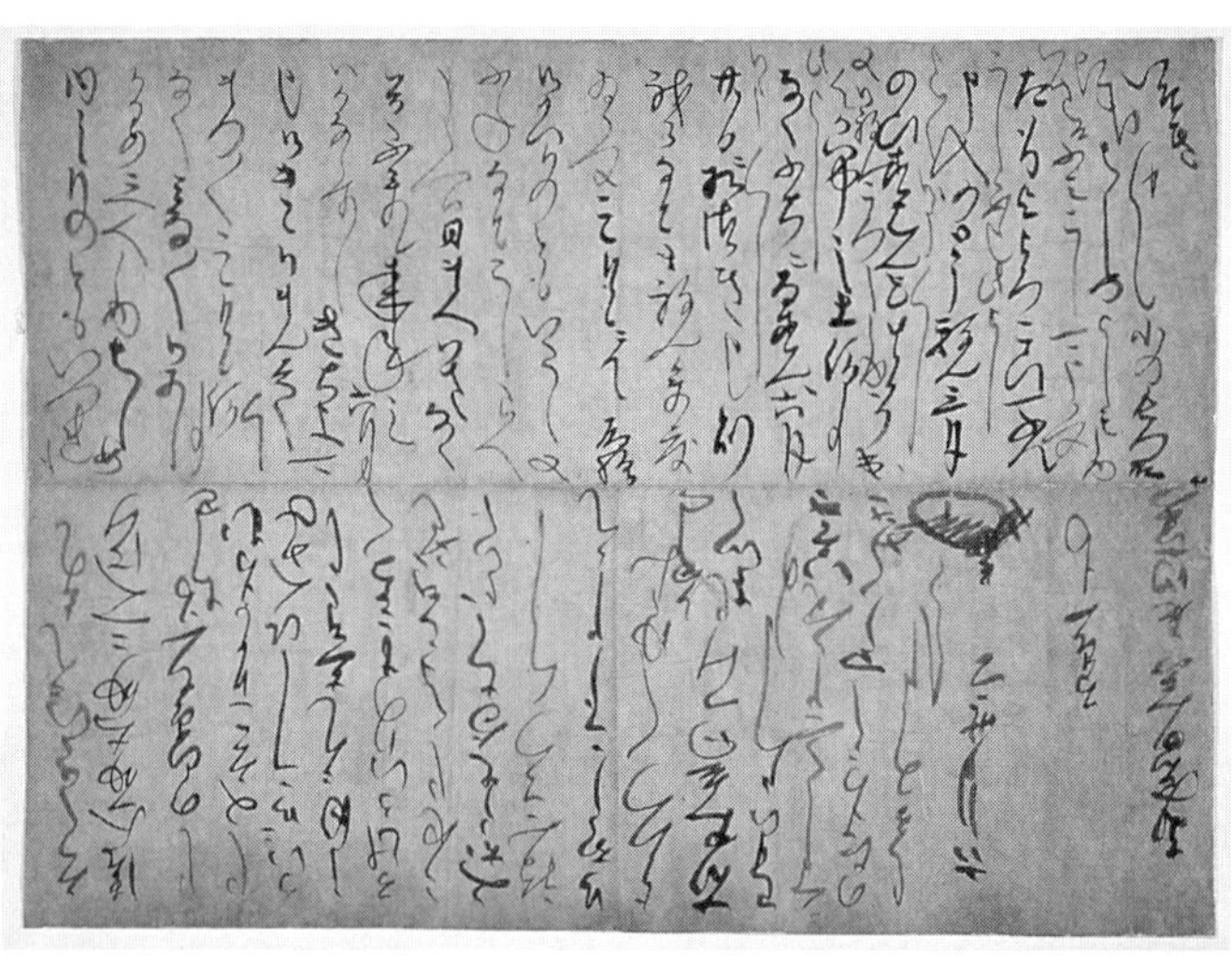

図34　支倉勘三郎宛て支倉六右衛門書状（東京大学史料編纂所所蔵）

の親しい関係者（親族や友人）らへの気配りも記されている。

フィリピン到着直後に記されたこの書状は、政宗の外交使節という役目を負って渡海した者として、主君に仕える一藩士として、支倉家の当主として、そして父親として、様々な立場から語られた内容を伝える。ここからは、まるで支倉の肉声と素顔が浮かび上がってくるようである。

フィリピンの二年間

その後ソテロは、マニラ近郊のディラオにあるサン・フランシスコ・デル・モンテ修道院に本拠を置き、ここに日本人のための神学校を設立した。ディラオには日本人も多く住んでおり、またこの修道院はかつてソテロ自身が修行した場所でもあった。おそらく支倉らも、ここに居住したのであろう。ソテロはここで日本遣外管区長や教皇特別委員などの肩書きで振る舞い、彼と行動を共にした修道士らのなかば強引にも思える態度から、サン・グレゴリオ管区との関係において現地で多くの軋轢（あつれき）を生じさせている（以上、ロレンソ一九六八、高橋由貴彦一九八一など）。

一六一八年十月九日（元和四年八月二十一日）、政宗のもとへソテロの書翰と贈り物（蠟燭一五挺・葡萄酒一壺）が届けられた（「日記」『引証記』）。持参したフランシスコ会のフランシスコ・ガルベス神父は、長崎でこれらを託された人物である（一六一九年十一月三十日付けアンジェリス書翰、『ディエゴ・デ・サン・フランシスコ報告書』第一二章）。大使支倉の勘三郎宛て書状も、おそらくこの時に仙台藩へともたらされたものとみられる。その二日後に政宗は向井忠勝に書状を出し、「先年南蛮へ遣わし候舟」のルソン到着や向井忠勝が遣わした乗員（「上乗」）の死去などを報じ、ルソンへ早飛脚（はやびきゃく）を派遣すると伝えている（〈元和四年〉八月二十三日付け向井忠勝宛て伊達政宗書状案『引証記』）。

支倉はこの地に滞在中、内容は不明ながらローマ教皇パウルス五世に宛てて書翰を出すなどしているが（一六二三年五月二十七日付け支倉六右衛門宛てローマ教皇グレゴリウス一五世書翰案）、活動状況はほとんどわからない。ただし、メキシコで話題に上っていた使節船の処遇の一件は、この地で決着をみた。使節らと一緒に別の艦船でマニラへとやって来ていた新総督ファハルドによって一六一九年七月末頃以前に貸与ののちに廉価で購入され、スペイン艦隊に編入されるにいたったのである（同年七月二十八日付けスペイン国王宛てフィリピン高等法院財務官書翰、同年八月十日付けスペイン国王宛てファハルド書翰）。一六一八年にオランダ艦隊による封鎖・襲撃の噂があったフィリピンでは、翌一六一九年五月に実際に襲撃を受けており、対オランダ戦について切迫した状況にあったことが知られる（高橋由貴彦一九八一・五野井二〇〇三など）。太平洋を二往復した使節船サン・ファン・バウティスタ号は、戦渦のなかにあったフィリピンにおいて最終的に手放されたのである。

これは非常に大きな出来事である。これまでにみてきたように、使節船は政宗が当初掲げた南蛮貿易構想、あるいは軌道修正後のそれにおいても、その実現を支える存在とされていたからである。その意味では使節船が手放された時点で政宗の通商計画は終わりを迎えたとする理解も（濱田二〇一二など）、その点ではなお首肯できる。

ただし、これまでの研究では、ソテロ・支倉らが主導して使節船を売却したとみる向きが強い。しかし、使節船を手放すという決断をソテロ・支倉ら使節だけが単独で行えるとは考え難く、使節船の施主・政宗の最終的な判断なくして実行できるとは思えない。史料のうえでも、使節船の購入がスペイン国王へと報じられたのは使節のフィリピン到着の約一年後であり、この間、使節と政宗との間ではガルベス神父を通じてやりとりが行われている。その経緯からみてフィリピン—仙台間は片道約二ヵ月あれば連絡が可能であったし、その後政宗はフィリピンへ早飛脚を派遣すると述べている。つまり、この一連の経緯から浮上してくるのは、使節主導による使節船の売却が政宗の南蛮貿易構想に終焉をもたらしたということではなく、使節のフィリピン到着とソテロの報告を受けて、政宗自らが自身の南蛮貿易構想、とりわけ協定の締結に見切りをつけた、という可能性であろう。

なお、その後の同船の行方は記録もなく未詳であるが、近年、一六一九年五月から七月にかけてアフリカ西部のルアンダやメキシコでアフリカ人奴隷の調達・輸送に関わっていたのではないかとする見解が出されている（『河北新報』二〇一八年十一月二十六日付け、佐藤円二〇二〇など）。

異国に残った日本人

現在のセビリア周辺、とりわけコリア・デル・リオには、japon（ハポン）姓、つまり日本を意味するスペイン語を姓にもつスペイン人が多くいることで知られている。彼らのなかには慶長遣欧使節一行にいた日本人の末裔（まつえい）であることを信じ誇りに思っている人たちがおり、同地を拠点に「ハポン・ハセクラ協会」を立ち上げ慶長遣欧使節を通じた国際交流が図られている（太田二〇一三など）。現在もコリア・デル・リオを訪ねると、日本語表記の看板を出しているお店があり、同地のカルロス・デ・メサ広場には平成四年（一九九二）に「支倉常長銅像」が設置されて日本語表記の説明板を付設するなど、所々に親日の雰囲気を感じさせる町となっている。東日本大震災の際、地震や津波で大きな被害を受ける映像を目にしたハポンさんたちは、哀悼の意を表する集会を催し、みなで涙したと聞いている。その後もたびたび来日され、ゆかりのある宮城県川崎町・仙台市・石巻市などを訪問し日西間の交流を深めている。

現状では、彼らが慶長遣欧使節一行にいた日本人の末裔であるかどうかの確証は得られていないものの、実際使節一行のなかには現在のメキシコ・スペイン・イタリアなどに居残った人々やその道中で亡くなった人々が断片的ながら知られている。

日本出発時から使節一行のメンバーとして同行した仙台藩士の今泉令史（いまいずみさかん）は、「南蛮にて相果」てたとされる（延宝五年〈一六七七〉「今泉七郎右衛門知行由緒書」『御知行被下置御牒』）。同じく出発時のメンバーで通訳のグレゴリオ・マティアスは、使節一行のローマ出立時に祖国ヴェネツィアへ表敬の使者として派遣され、ジェノヴァで一行に合流したものの、長旅と異国での生活に疲れてヴェネツィアへ戻っている（一六一六年二月二十四日付けヴェネツィア元老院宛てソテロ・支倉連署書翰）。同じく通訳でメキシコから同行したマルティネス・モンターニョは一六一六年四月に亡くなり、マドリード郊外のサン・ペドロ教会に埋葬されたことが記録上明らかである（フランシスコ・マルティネス・ハポン死亡・埋葬記録、同教会所蔵）。

滝野加兵衛（たきのかへえ）もまたセビリア周辺に居残ったようであり、一六二二年には奴隷的な扱いを受けたとする不当をスペイン国王へ訴えて帰国の許可を求め認められたという（ファン二〇〇〇、大泉二〇一七ａなど）。また使節一行の一部が、地中海に面したスペイン南東部のアリカンテに来訪していたことが近年明らかとされた。一六一六年四月、ローマから戻ってきた日本生まれの数人の使節団員が同地に到来したといい、その年月からみて彼らはソテロ・支倉らのようにマドリードへは向かわなかった人々とみられ、さらに彼らは伊丹宗味（いたみそうみ）・野間半兵衛（のまはんべえ）の両名ではないかとも推測されている（大泉二〇一七ａ）。

前述の勘三郎宛ての支倉書状によれば、清八・一助・大助がメキシコで逃亡したと伝えている。支倉の日本出立時から同行したのか、第二便で当地へきたのかはっきりしないが、息子宛てに記した文面に出てくるのであるから、彼らは支倉家の関係者であったとみてよいであろう。

そのほかにも、メキシコのグアダラハラには、スペイン語での姓名ののちに日本国出身を表すDe nacion Japonという断り書きを付した四人の名前が確認される複数の文書が見出されている（グアダラハラ市公文書館所蔵）。そのなかには現地で小売業を展開し、一六六六年に没した「るいすていんしよ（Luis de Encio）福地」という日本語署名を残す人物が確認される。彼は陸奥国桃生郡福地村（石巻市河北町）出身の侍で、使節一行の一人ではなかったかとも推測されている（大泉二〇一〇・二〇一三、林屋二〇一〇、メルバほか二〇一〇など）。

謎に満ちた帰国後の大使支倉

支倉の仙台帰着

一六二〇年七月（元和六年六月）頃、フィリピンに「奥州の王の船」が現れた。マニラの関税記録（ファン二〇〇〇）によれば、同年七月七日に横沢将監や彼の使用人が中国で買いつけられた商品などの関税を支払っており、それらは「彼の主人である奥州の王の船」がマカオから舶載してきたもので、さらにこの王のために日本に運ぶ品は（この関税に）含まない、と記される。後述のように、支倉らの仙台帰着が一六二〇年九月（元和六年八月）であることから、支倉らはこの船に乗船して帰国した可能性があり、政宗はこの船でマカオ・マニラでも貿易を進めていたことが指摘されている（平川二〇一八a）。前述のとおりフィリピン―仙台間は片道約二ヵ月での連絡が可能であり、これは政宗が何らかのかたちで用意した迎え船であったとみてよいであろう。しかも政宗はこの船においても貿易を進めており、彼は事実上、海外での貿易を三度行っていたことになる。

　フィリピンに約二年間滞在した支倉らは、長崎を経由して仙台に帰着した（一六二一年三月十五日付けマテウス・デ・コウロス書翰など）。月浦（つきのうら）を出帆して以来、ほぼ七年の歳月が経過していた。ただし、ソテロはフィリピンに残留し、支倉・ソテロ以外の一行の動向についても部分的にしかわかっていない（詳細は後述）。

　仙台への到着日については、史料上二つの日付が知られている。『貞山公治家記録』では元和六年八月二十六日に「呂宋（ルソン）ヨリノ便船ニ帰朝ス」と記し（同年月日条）、これを西暦に換算すると一六二〇年九月二十二日となる。イエズス会士アンジェリスの書翰（同年十二月十日付け）では一六二〇年九月二十日に仙台に到着したと記し、これを和暦に換算すると元和六年八月二十四日となる。二日のズレが生じているのであるが、同時代史料である後者の蓋然性が高いであろう。また、『貞山公治家記録』では「便船」（都合よく出た船）で帰国したと記されているが、必ずしもそうでなかったことは前述のとおりである。

　伊達政宗は、大使支倉が仙台に帰着した数日後、領内に向けてキリシタン禁令の札を立て、従来の態度を一変させた（詳細は後述）。しかも、後藤寿庵（ごとうじゅあん）が語ったことによれば、政宗は支倉がキリシタンをやめない限り会わないといったらしい。それに対して支倉は、生命を賭して任務をすべて遂げてきたと弁明するなどしたため、一〇日ほどしてから政宗は彼に会ったという（前掲コウロス書翰）。

使節将来品　帰国に際して支倉は、海外から多くの品々を持ち帰った。『貞山公治家記録』の支倉帰国（仙台帰着）の記事にも、「南蛮国王ノ画像幷ニ其身ノ画像等持参ス、是南蛮人図画シテ授ル所ナリ、南蛮国ノ事物、六右衛門物語ノ趣、奇怪最多シ」と記される。

支倉の将来品は、「ローマ市公民権証書」「支倉常長像」「ローマ教皇パウロ五世像」（以上、ユネスコ記憶遺産・国宝）の三点をはじめ、聖画・聖具類一九点、馬具・染織類二五点が現存しており、以上の四七点すべてが「慶長遣欧使節関係資料」の名称で国宝に指定されている（いずれも仙台市博物館所蔵）。これらのうち、支倉は「ローマ教皇パウロ五世像」と短剣二口を政宗に献上している（内山・高橋二〇一〇など）。ただし、馬具の一部については、中国・明代の製作であったり、日本製とみられる遺物があり、これらは慶長遣欧使節の旅路のなかで入手したものとはいえないのではないか、とする指摘もある（佐々木和博二〇一三・二〇一八など）。

これらの品々以外にも、記録上にはみえるが現存しないものもある。たとえば、高名な蘭学者で仙台藩医であった大槻玄沢（おおつきげんたく）が、文化九年（一八一二）に仙台藩の吉利支丹（キリシタン）所にあ

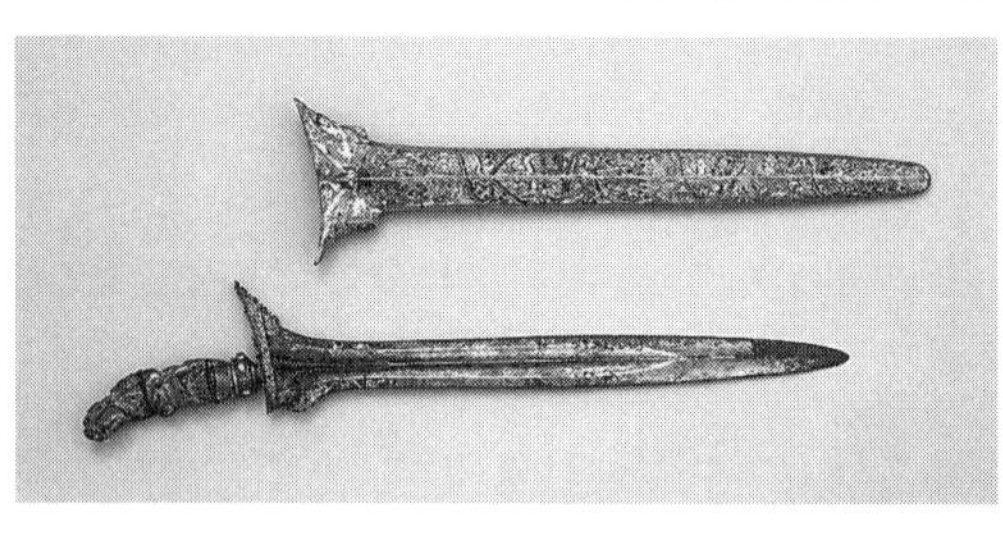

図35　短剣（上・カスターネ形，下・クリス形，17世紀，仙台市博物館所蔵，仙台市博物館編2013）

った「支倉六右衛門南蛮将来の諸道具」を調査した際には、「切支丹法道具入箱 壱ツ」とそのなかにあったという「かけ（掛）絵 四ツ」（一つは「マリアの像」）、「書物 大小拾九冊」、「島木綿財布 壱ツ」とそのなかにあったという「色々板金 弐拾六」（小型のメダイ、拓本七点あり）、「虎皮 少し」などもあったというが（「帰朝常長道具考略」『金城（きんじょう）秘韞（ひうん） 下』、早稲田大学図書館所蔵）、いずれも現存しない。

なかでも「書物 大小拾九冊」は、和紙に記された「六右衛門等覚書・聞書」とみられる仮名書きの本であり、「法教の事」や「廻歴せし国々の事」などが記されていたようである（同前）。「六右衛門ガ手帳ノ如キモノ」で、暦のように「上下ニ日本・西洋ノ月日ヲ対照スルヤウ」に記され、「道中記」のようにみえたともされる（『金城秘韞 補遺』）。つまり、これらは大使支倉による道中見聞日記であったと考えられ、使節の足跡や彼らの生の声を知り得るきわめて貴重な将来品というべき代物であった。前述の「南蛮国ノ事物、六右衛門物語ノ趣、奇怪最多シ」とする記事も、『貞山公治家記録』の編者がこの道中見聞日記を実見して記した可能性が考えられよう。しかし、明治初年に宮城県庁の倉庫にあったとの伝えを最後に行方不明となり（『金城秘韞　補遺』）、その後もみつかることなく現在にいたっている。目にできないことが本当に惜しまれる史料の一つである。

そのほかにも、使節将来品とされる遺物がいくつもあるが、使節と同時代品ではあるものの、ほかの流入ルートが考えられる遺物、あるいは使節将来品と言い伝えられているが無関係な遺物といったものがほとんどである。国宝「慶長遺欧使節関係資料」の伝存が、いかに奇跡的であったかとされる所以である（以上、高橋あけみ二〇一〇）。

大使支倉の信仰生活と死

支倉らの帰国後、キリスト教徒となった支倉が信仰を守り抜いたか否かが神父らの間で話題となり両極の噂が飛び交っていた。棄教したとするのはイエズス会側の史料に多く、「その大使（支倉）は信仰を棄てたと言われております」（一六二〇年十一月三十日付けアンジェリス書翰）などと略述されている。

一方、フランシスコ会のソテロは後年、「我が同僚フィリッポ・ファシェクラは、国王（政宗）のもとに戻って国王から大いに表彰されました。（彼は）このような長旅による疲

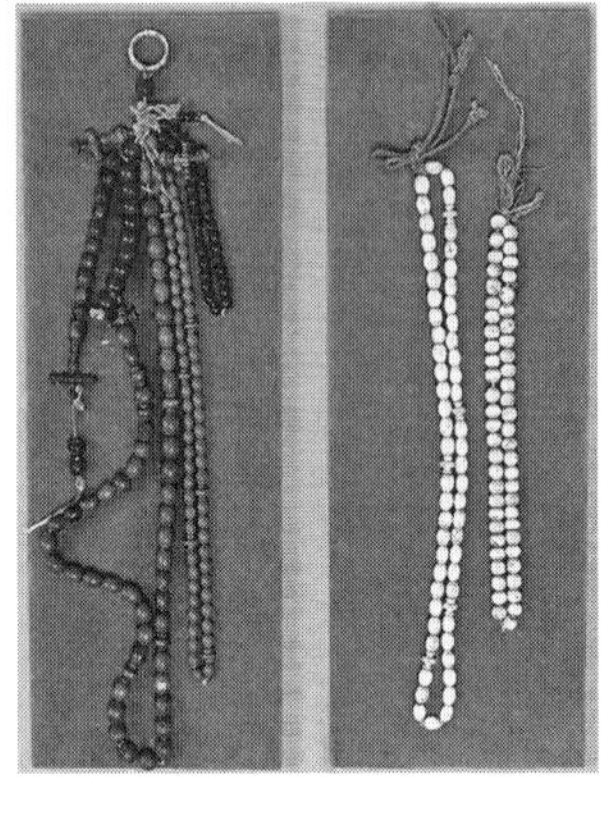

図36　支倉が帰国に際して持参した聖画・聖具類（右上・十字架像，左上・ロザリオの聖母像，右下・ロザリオ，左下・祭服，17世紀，仙台市博物館所蔵，仙台市博物館編2013）

他にも十字架及びメダイ（ロザリオの聖母）・十字架・ディスチプリナ・テカ及び袋・レリカリオ・メダイ残欠（洗礼者聖ヨハネ）がある．

労を回復するために、自分の所領で休養し、妻子や家の者を家来とともにキリスト教徒となし、多数の血族や縁者の地位ある家臣にも（教えを）説きました。ところで、帰国後一年にもならないうちに、あらゆる感化と模範を示して敬虔のうちに死去しました。その子供たちには遺言して、彼の所領に信仰を弘布し、領国を巡歴する宣教師に保護を与えるように命じました」（一六二四年一月二十日付けローマ教皇グレゴリウス一五世宛てソテロ書翰）と述べ、支倉は信仰を堅持したと語っている。

これについては信仰を堅持していたとみてよいだろう。支倉が持ち帰った前述の聖画・聖具類、さらにイエス・キリストの磔刑像を拝する姿を描写した「支倉常長像」（ユネスコ記憶遺産・国宝）もまた明らかにキリスト教信仰に関わる品々であり、これらが禁令に背く品々であるにもかかわらず子息常頼までもが所持し続けていたとみられており、大使支倉自身のみならず支倉家としての信仰の継続をも示唆しているからである。しかも支倉は、ローマ教皇から私的な礼拝所を設けることを特別に認められており、持ち帰った聖画・聖具類は信仰の実践に必須の道具類とみなし得るとも考えられている。

寛永十四年（一六三七）と寛永十七年には支倉家の召使五名がキリシタンとして処刑され（詳細は後述）、大使支倉の次女で常頼の妹にあたるくりもキリシタンであったことが知られ（「富塚弥平次家転切支丹」個人蔵）、その弟の権四郎（常道）もキリシタンであったため逃亡したと伝えられている（延宝五年〈一六七七〉「支倉又兵衛知行由緒書」『御知行被下置御牒』）。それ以外にも、支倉家の関係者にはキリシタンの嫌疑がかけられ、あるいは実際に捕縛された人々が多いことが知られている。大使支倉自身が帰国後に家族や家来らに教えを説いて亡くなったとする先のソテロの言説についても、あながち間違いではないだろうと理解されているのである（以上、濱田二〇一〇c・二〇一二、佐藤憲一二〇一〇）。

大使支倉は帰国直後に政宗に会ったのち、さらに何回か御殿に赴いて政宗に会ったらしいとする記録（『一六二一年度イエズス会日本年報』）もあるが、これ以上知るすべがない。そして、前述のとおり彼は帰国後一年ほどで病没するにいたったのである。

複数ある「常長の墓」

その彼の墓標といわれる石造物がある。現在よく知られているところでは、①仙台市青葉区青葉町光明寺（こうみょうじ）の五輪塔、②宮城県川崎町支倉円福寺（えんぷくじ）の石塔、③宮城県大郷町東成田の山中にある墓石、④宮城県大和町吉田の山中にある五輪塔の四ヵ所がある。

①のある光明寺は支倉常頼の檀那寺（だんなでら）であり、寛永十七年、召使がキリシタンであった管理不行き届きを問われて常頼が斬罪された後、彼が火葬された寺であった（元禄六年〈一六九三〉六月晦日付け切支丹不分明者支倉六右衛門死失帳「支倉家資料」）。①が「常長の墓」とされるのは、明治二十七年（一八九四）二月、これらの点に手がかりを求めた仙台の郷

土史家らが、「ただ遼遠なる国へ行きて帰りし人の墓」と言い伝えられた、部位が一部欠失した五輪塔の存在を同寺から聞くなどして、これこそ「常長の墓」であると認定したことに端を発している。同年三月には、支倉六右衛門家の遺族とともに、荒廃した「墓域」や「墓石」を改修し「拝墓」の便のため新たに参道を開くなどの整備を行っている（以上、大槻文彦一九〇八）。

②のある川崎町支倉は前述のとおり支倉家の名字のもととなった地、つまり大使支倉へと連なる支倉家の発祥の地というべき場所であった。明治時代中期頃にはこの「常長の墓」もまた世に知られていたようであり（大槻文彦一九〇八）、同地円福寺の墓地の一角にある宝篋印塔と五輪塔があわさったような不思議な形状の石塔がそれとされる。ただし、当地に居住したとされる大使支倉の養父・紀伊時正の墓ではないかとする見方もある（菅谷・飯沼一九七五）。なお、同寺の裏山（北西側）にある上楯城跡は、当地に依拠した支倉氏の居城といわれ、東西約三〇〇メートル・南北約二〇〇メートルに及ぶ山城である。

③のある大郷町東成田は、大使支倉の義弟である新右衛門常次（時正の次男）の領地があった場所である。同地の「常長の墓」もまた、明治時代中期頃には世に知られていたようである（大槻文彦一九〇八）。その碑銘には「梅安清公禅定門　承応三年二月十七日　支倉氏」とあり、当地の古老の間ではこれが「支倉六右衛門の墓」とされていた。大使支倉が

仙台城下にいると将軍によって殺される恐れがあるため、政宗の命によってこの地で密かに隠棲していたと口伝されており、承応三年（一六五四）という年紀からすると八四歳でこの地で亡くなったものと解釈されている（佐藤宗岳一九五七、関一九八〇）。同地周辺一帯は「支倉常長メモリアルパーク」として整備され、現在にいたっている。ただし承応三年は、常次の子である三右衛門常時が父常次よりも早く病死した年次でもあり（延宝五年「支倉源太左衛門知行由緒書」『侍衆御知行被下置御牒』）、注意を要する。

④は、大和町吉田字西風の山中（ただし私有地内）にあり、三基の五輪塔（部位は一部欠失）からなる。その形状から造立時期は一七世紀前半（元和・寛永年間頃）とみられており、「六右衛門の墓」と代々言い伝えられてきたといういわれをもつ。同地は、大使支倉の実父・飛驒常成の知行地とされる「黒川郡富谷下ノ原村」（『平姓伊藤一家支倉氏系図』など）に隣接していたとも考えられることなどから、この三基はそれぞれ「常成・常長の墓」と、この両名に密接に関わる人物の墓ではないか、との見解が提示されている（佐々木和博一九九三・二〇一三）。

なお、大使支倉の孫・常信から数世の菩提寺であったという仙台市若林区南鍛冶町の泰心院においても、「支倉六右衛門の墓」が見出されたとする話が明治時代中期頃に世間で取り沙汰されていたらしい（大槻文彦一九〇八）。

このように複数ある「常長の墓」だが、総じて支倉家ゆかりの地にあることがわかる。しかも、これは各地域における大使支倉の顕彰意識と無縁でない例が多く、明治時代以降の「常長の墓」探しの帰結という側面ももっている。そもそも当時の仙台藩において中級家臣クラスの人物の墓がつくられるのかという観点から、すべての存在を疑問視する見方もあり（濱田二〇一〇a・二〇一二、菅野二〇一一）、後世につくられた支倉家中の誰かの墓標または供養塔だという可能性もあるだろう。

いずれにせよ、これまでに知られる「常長の墓」は、すべてにおいてそれを確定できる要素をもっておらず、多くの人々の関心を集めている割には事の真相は不明なのである。今後の調査で直接的な根拠が示されない限り、その疑念は払拭されないであろう。

使節の帰国と仙台藩

キリシタン取締りの開始

大使支倉六右衛門が元和六年八月（一六二〇年九月）に仙台へと帰着した数日後、伊達政宗は領内に向けてキリシタン禁令の札を立てた。その禁令は三ヵ条からなり、「天下の法度」に背いて改宗（棄教）しない者は、知行取り（ちぎょう）は改易・追放し、町人・百姓・陪臣には死を与えること（第一条）、キリシタンの詮索にあたって情報提供した者には褒美を与えること（第二条）、宣教師たちは領内を退去し、それが難しければ棄教すること（第三条）という内容であった。以後、領内ではキリシタンの詮索が進められ、同年十一月四日までに仙台や水沢（みずさわ）で六名の殉教者を生んでいる（以上、一六二〇年十二月十日付けアンジェリス書翰、一六二一年三月十五日付けマテウス・デ・コウロス書翰）。

キリシタンの取締りは苛烈であった。捕縛され転ぶこと（改宗・棄教）を迫られてもそれに応じない神父や信徒らには、残酷な拷問や処刑が待っていたからである。たとえば元和十年正月（一六二四年二月）、真冬の仙台城下で起きた凄惨な水責めは、その典型であろう。仙台城と城下町をつなぐ大橋の下（広瀬川の河畔）で行われたその水責めでは、イエズス会士ディオゴ・カルヴァーリョと日本人八名が殉教している（『一六二四年度イエズス会日本年報』、「仙台吉利支丹文書」）。

こうした取締りでは改宗者も出る一方、逆にこれが彼らの信仰心と結束を固め、かえって殉教の願いを高めることにもなった。日本へ潜入する神父や密かに信心生活を続ける信徒らも増えていった。一度に大勢の殉教者を出す事件も起きており、元和五年八月（一六一九年十月）の京都の大殉教（五〇名余の信徒が処刑）、元和八年八月の長崎の大殉教（五五名が処刑）、徳川家光が三代将軍となった直後の元和九年十月の江戸の大殉教（イエズス会士アンジェリスやフランシスコ会士ガルベスら五〇名が処刑）などが知られている。

ただし、弘前藩・盛岡藩・秋田藩・仙台藩・山形藩・米沢藩・会津藩など、奥羽地方においてキリシタン取締りが本格化するのは寛永年間（一六二四～四四）に入ってからで、慶長十八年の幕府禁令を契機にキリシタン家臣を追放した秋田藩、元和三年頃からの取締りが確認される弘前藩、元和六年から始まる仙台藩は比較的早期の事例のようである（浦川一九五七、五野井監修二〇二一など）。そもそも奥羽の地ではキリスト教の布教の始まりが遅く、本格的には慶長十七年（一六一二）の幕府禁令以降であったことが、その背景に考えられている（村井二〇一三）。つまりは、他地域に比べれば奥羽はキリシタンも多くなく、取締りに対する大名らの意識自体も当初は緩慢だった可能性が高い。

ところで、領内での取締りを命じた政宗に対して、アンジェリスは「家康や秀忠は政宗の使節派遣を気に入っておらず、むしろ天下に対して何らかの反逆を働こうとしてスペイン国王やキリシタンらと連合するためであろうと考えている、ということを向井将監（忠勝）から聞いていた政宗は、そうでないことを示すためにこの妨げ（迫害）を行っている」と述懐している（前掲アンジェリス書翰）。この情報は、前後の文脈からみて後藤寿庵から伝えられたものとみられ、その確度は決して低くない。

政宗が、伴天連（バテレン）追放を厳しく申しつけると柳生宗矩（やぎゅうむねのり）にいいながら仙台藩領内に禁教令を敷いてこなかったのは、やはりキリスト教を容認する使節の派遣があったからだろう。使節の帰国直後に領内に禁教令を敷いたことがそれを表しているし、あらかじめ禁教令を敷けばキリシタンとなった家臣らの帰国の途を閉ざしてしまうことになる。その一方で、幕府から余計な疑念を抱かれることを避け早々に手を打つ必要もあった。政宗にとって領内への禁教令とは、どちらにしてもギリギリの政治判断が必要な案件だったと思われる。

ソテロ入国の可否

その後政宗は、支倉帰国から一ヵ月後の元和六年（一六二〇）九月二十三日、幕府年寄（老中）であった土井大炊助利勝（どいおおいのすけとしかつ）に宛てて使節の帰国に関する書状をしたためている（『引証記』）。それによれば、まずは使節派遣の経緯を伝え、先年南蛮へ向井忠勝と相談して船を派遣した折り、江戸に数年いた南蛮人ソテロを渡海させ、「公方様」（将軍秀忠）の贈り物として具足・屛風などを遣わしたが、同行させた「拙者内之者」（支倉六右衛門）が「奥南蛮」へ行って七、八年逗留し、今秋ようやくルソンからの船で帰朝したと報告している。さらに、ソテロは日本のキリシタン禁令のためルソンに留まっているが、「南蛮より之御返事」を有していると述べてきており、もしよければ来年帰朝したいともいっている、どのようにするのがよいか、ご意向を踏まえてソテロに返事したいと考えている、とも記している。

つまり政宗は、幕府が関わった使節派遣であることにふれたうえで、ソテロ入国の可否について幕府にうかがいを立てたのである。政宗には「南蛮より之御返事」を受け取りたいという思いがあったのであろう。ソテロはこの時、政宗や将軍に持参したスペイン国王の書翰や贈り物、政宗へのローマ教皇パウルス五世の書翰などを持っていたようである（一六二一年一月十二日付けフランシスコ・パシェコ書翰、一六二四年一月二十日付けローマ教皇グレゴリウス一五世宛てソテロ書翰）。これに対して土井利勝は、天下の法があるからにはソテロが日本に渡航することがあってはならないなどと政宗へ伝え、政宗もそのようにソテロへ返答したとされている（前掲パシェコ書翰など）。

ただし、ソテロがフィリピンから日本へ渡航できなかったのは、日本国内の禁教令だけが原因だったわけでもなかったらしい。フィリピンのサン・グレゴリオ管区では、ソテロらのなかば強引な行動に公然と批判の声があがっており、一六二〇年六月、彼は日本遣外管区長職を罷免されてメキシコ帰還などを命じられていたからである（ロレンソ一九六八など）。こうしてフィリピン残留を余儀なくされたソテロではあったが、彼によれば、その翌年に政宗は家臣二名をマニラへと派遣しソテロを帰国させようと試みたが、ソテロは乗船直前に拘束され結局その武士二名だけで日本に戻ったという。さらにその後、マニラからの日本渡航が難しいと考えたソテロは、ルソン島北部のヌエバ・セゴビアに拠点を移し、奥州への直接渡航を試みようと小型帆船を建造したが、総督から渡航禁止とマニラへの召還命令をくだされたともされる（以上、前掲グレゴリウス一五世宛てソテロ書翰）。

伊達家中の選択

元和七年八月（一六二一年九月）、奥羽のキリシタン一七名がローマ教皇パウルス五世に奉答書（ヴァチカン・アポストリカ図書館所蔵）を記し、伊達政宗が「天下」を恐れ、「へれせきさん（迫害）を、こし、あまたまるちれす（殉教者）御座候」と報告しており、仙台藩における取締りの状況は海外へも伝えられて

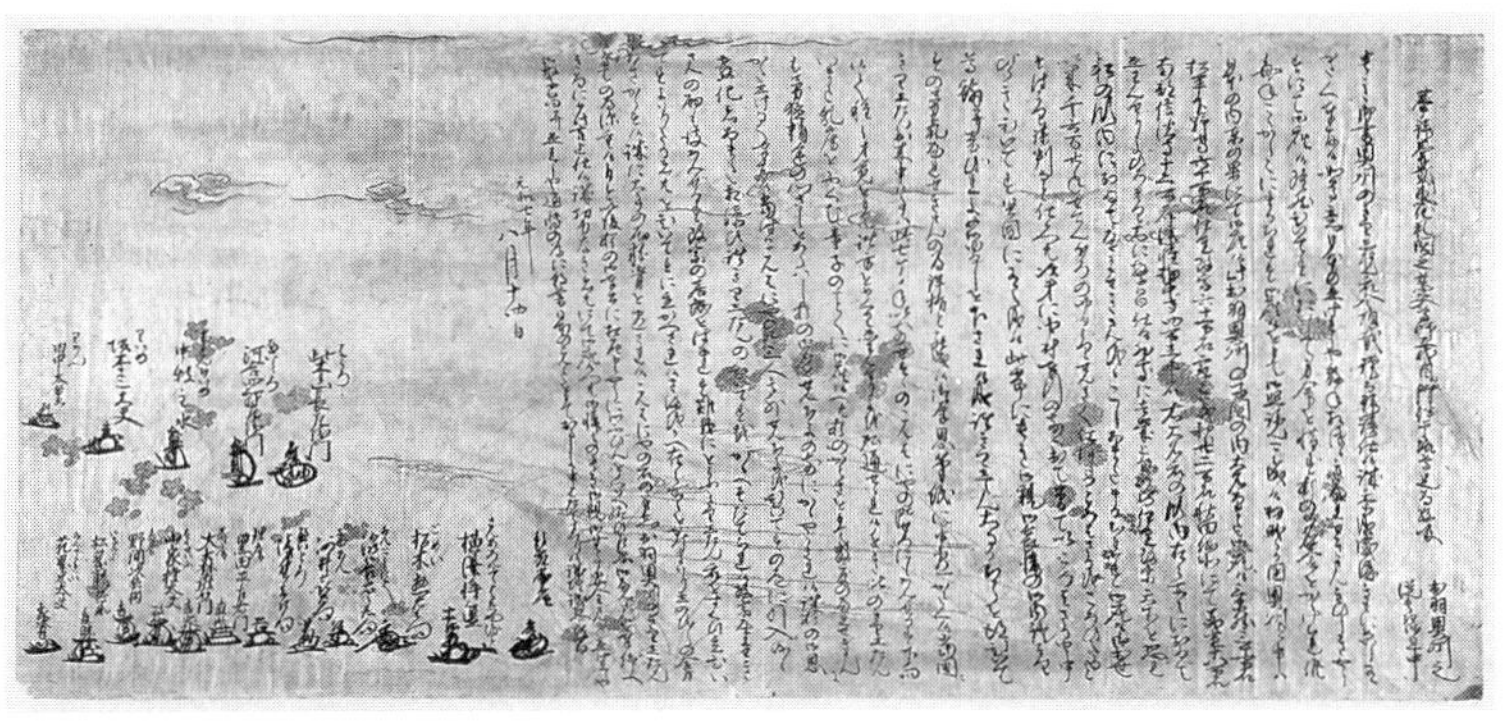

図37　奥羽キリシタン奉答書（元和７年８月14日付，ヴァチカン・アポストリカ図書館所蔵，五野井監修2017）

いった。この書中には、筆頭に後藤寿庵の署判がみられ、その次にはメキシコでキリシタンとなった横沢将監の署判が据えられている。彼らはまだキリシタンとして活動していたのである。このように考えれば、前述のとおり、政宗が当初寿庵に対して秘かにキリシタンとして生きる道を示したがそれを固辞され、結局黙認していたとされることも、そして大使支倉が帰国から死没までの約一年間キリシタンとして信仰生活を送っていたことも、決してあり得ない状況ではなかったと考えられよう。

しかしその後、彼らもまた改宗するか否かの選択を迫られ、それぞれの道を歩んでいる。江戸の大殉教を受けて幕府が諸国へとキリシタン取締りの強化を通達した結果、元和九年十一月（一六二三年十二月）には政宗もまた仙台藩領内の取締りを強化するよう奉行（家老）らに命じるにいたった（「仙台吉利支丹文書」)。これに伴い、やはり前述のとおり後藤寿庵は同年十二月(一六二四年二月)頃、政宗や石母田宗頼から改宗するよう強く説得されるも応じず、ついには追放されて盛岡藩領へと立ち去っている。横沢将監は、寿庵追放に前後して改宗したようであり、寿庵が没収された知行地を預かり、仙台藩から寛永元年(一六二四)分の年貢収納を請け負って算用目録を作成している(「仙台吉利支丹文書」)。彼は伊達家中の一人として生きながらえる道を選んだのであった。

以上からすると、領内に禁教令を発し取締りを開始した政宗ではあったが、当初は慶長遣欧使節に関わった主なキリシタンの藩士に対して一定の政治的配慮を働かせていたことがわかる。しかし幕府の意向により領内の取締りは強化され、キリシタンの藩士らもまた、それぞれの選択を迫られるにいたったのである。

ソテロの密入国

元和八年八月(一六二二年九月)、ヌエバ・セゴビアにいたルイス・ソテロが再び日本への密入国を企てた。彼は日本人神父ルイス笹田と日本人修道士ルイス馬場を伴い、俗人の服を身に着けて素性を隠し、計三名で中国人商人らのジャンク船へと乗り込んだのである。翌月頃には薩摩、その後に長崎の近くにある島に到着したが、この航海の過程でキリシタンであることが露見し、中国人商人らによって長崎奉行へと引き渡されて捕縛され、肥前国大村(長崎県大村市)に移されたのち入牢の身となっている（前掲グレゴリウス一五世宛てソテロ書翰など）。

翌年七月（一六二三年八月）、仙台藩奉行の石母田宗頼は、ソテロが牢内から出した二度の書状を受けて返書を出し、「南蛮より之御返事」を所持するソテロが無事帰国できるよう幕府年寄の土井利勝へ申し入れると知らせている（「仙台吉利支丹文書」）。

しかし結局ソテロは、フィリピン出航から約二年後の寛永元年七月（一六二四年八月）、大村の放虎原（ほうこばる）でルイス笹田・ルイス馬場らとともに火刑に処され、五一歳の生涯を終えた。柱にくくりつけられた状態で三時間にわたって煙と炎に包まれ、苦悶と忍耐と祈りのなかで息絶えたという壮絶な殉教であった（『ディエゴ・デ・サン・フランシスコ報告書』第二〇章など）。ソテロが携帯していたという「南蛮より之御返事」もまた焼失したとみられ、政宗のもとに届くことはなかった。

江戸幕府はその後、寛永二年にスペイン船の来航を禁止してスペインとの断交を図り、寛永十年二月には奉書船（ほうしょせん）以外の海外渡航と在外邦人の帰国の禁止、寛永十二年五月には日本船の海外渡航の禁止と帰国者の死刑などを規定して、海外との通交・貿易について統制を強めていった。仙台藩では、伊達政宗が寛永十三年五月二十四日、江戸の上屋敷で没した。享年七〇であった。嫡男忠宗（ただむね）が二代藩主となり、新たな時代を迎えることになった。

支倉家の断絶

そして、ついに取締りの手は常頼が当主となった支倉家にも及んだ。寛永十四年（一六三七）七月、仙台でキリシタンと訴えられた常頼の召使二名（与五右衛門とその妻きり）に釣殺しの命令が下されたのである（「支倉家資料」）。

さらに寛永十七年三月、やはり仙台でキリシタンと訴えられた常頼の召使三名（太郎左衛門とその妻せつ・息子三次）が同じく釣殺しで処刑され、常頼自身はキリシタンではないとされたものの、その管理不行き届きを咎められて斬罪となった（「支倉家資料」など）。支倉家はここに改易となり、大使支倉六右衛門らが持ち帰った肖像画や宗教用具など多くの品々もその際に仙台藩に没収されたとみられている。

この間の寛永十四年十月、島原天草一揆（島原の乱）が勃発している。苛政や飢饉などを背景に、肥前国島原（長崎県島原市・南島原市など）と肥後国天草（熊本県天草市など）の百姓・土豪らがキリシタンの益田時貞（天草四郎）を首領にして武装蜂起し、各地での戦闘を経て、最終的に廃城となっていた原城（長崎県南島原市）に籠城したのである。多くのキリシタンを含む三万人ほどの一揆勢に対し、幕府は九州の諸大名ら約一二万人を動員したが攻めあぐみ、オランダ船の砲撃も加えて海上と陸上から包囲と攻撃を続け、翌年二月の総攻撃で一揆勢を殲滅した。原城跡から発掘された人骨・鉄砲弾などの遺物や一揆勢結集のシンボルともいうべき「陣中旗」の血痕などが、その戦いの壮絶さを物語る。

島原天草一揆の情報は仙台藩においても収集されており（島原一揆夜打覚書・原城図「伊達家文書」）、二代藩主忠宗は、この事件を契機に禁教の強化を図った幕府の命によって寛永十五年十二月に領内でのキリシタン取締りをさらに強化するよう奉行らに命じた（「仙台吉利支丹文書」など）。たとえば、寛永十六年には磐井郡大籠村（岩手県一関市藤沢町）で三〇〇人余が殉教したともされる（浦川一九五七）。常頼の斬罪も、この際の取締り強化の影響が考えられる。

図38　聖体秘蹟図指物（天草四郎陣中旗，天草市立天草キリシタン館提供）

帰国者の行く末

仙台藩においてキリシタン取締りの対象となった人々のなかには、使節一行として渡海し帰国した者もいた。

寛永十七年（一六四〇）にキリシタンとして処刑された支倉家の召使太郎左衛門（前述）は、ローマ入市式に出てくる「Giouanni Sato Tarozayenon（ジヨバンニ・サトー・タロザエノン）」

（『使節記』第二八章など）と同一人物ともいわれる（濱田二〇一〇c）。

同じく寛永十七年頃にキリシタンであると訴えられた「仙台領給主町（きゅうしゅまち）」の神尾弥治衛門（年四十余）は、「支倉六衛門と一所（一緒）ニのひすはんや（ヌエバ・エスパーニャ）へ渡り申候」人物とされる（半三郎白状書『伊達氏史料』）。これまで彼の名前は、「弥」「孫」の字のくずし方がよく似ていることもあってか、「神尾弥次右衛門」（宮城県史編纂委員会編一九六一）や「神尾孫治右衛門」（只野一九七八、仙台市史編さん委員会編二〇一〇）などと読まれてきた。原史料をみると「弥」と読めそうであり、「次」よりは「治」に近く、「右」の字はないので、「神尾弥治衛門」であろう。また神尾は「かんの」とも読むことがあるので、ローマ入市式に出てくる「Thomaso Iagiami Cannoyagiemon（トマソ・ヤジァミ・カンノヤジエモン）」と同一人物とみてよいように思われる。

同じく寛永二十年頃にキリシタンであると訴えられた「仙台中田町（なかだまち）」の勘右衛門は、「長谷（支）倉六右衛門所ニ奉公致、南蛮へもわたり申候」とされ（梅原大膳白状書『伊達氏史料』）、彼もまたローマ入市式に出てくる「Giouanni Faranda Caniamo, Peregrino（ジョバンニ・ファランダ・カンイアモ・ペレグリノ〈巡礼者原田勘右衛門〉）」と同一人物の可能性がある。

なお、慶長遣欧使節の一行として帰国した黒川市之丞（くろかわいちのじょう）・黒川六右衛門（くろかわろくえもん）・松尾大源（まつおだいげん）という三名が、奥州での迫害の噂を長崎で耳にし、隠れ場として大村領浦上木場村（長崎市三ツ山町）を探し出したのち奥州へ帰ったところ、厳烈な禁教令が行われつつあったため家族ともども木場村へと戻って逃れ、居ついたとされる伝承も残されている（浦川一九二七、片岡一九五七）。

江戸幕府は島原天草一揆以後、寛永十六年七月にポルトガル船の来航を禁止し、寛永十八年五月には平戸にあったオランダ商館を長崎の出島に移して、海外との通交・貿易を厳しく監視する体制を整えた。いわゆる「鎖国」の断行である。こうして江戸幕府は、以後二〇〇年余の間、オランダ・中国・朝鮮・琉球以外の国々との交流を閉ざして海外との貿易を独占し、また檀那寺などに宗旨を証明させて作成する宗門人別改帳や、紙・金属などでつくられた聖画像（踏絵）を役人の面前で踏ませる絵踏などの宗門改を通じて、キリスト教の禁教政策をさらに徹底させていったのである。しかし、キリシタンにまつわる文化は、一部は潜伏キリシタンの信仰のなかで守られ、一部は日本の儀礼や習俗などと同化しながら今日まで伝存されていくこととなった。

そして、ヨーロッパ世界の表舞台で注目された慶長遣欧使節の足跡は、このような日本の社会状況のなかで徐々に忘却の彼方へと追いやられることにもなったのである。

慶長遣欧使節の足跡が忘れ去られていくことになったとはいえ、それは完全に消滅したことを意味しない。確実に歴史の底流で生き続け、今日に伝えられてきたのである。

慶長遣欧使節の「再発見」

慶長遣欧使節の存在は、仙台藩において記録され続けた。なかでも、仙台藩の正史である『貞山公治家記録』に使節一行の動向が記されたことは、その最たるものといえよう。しかも、それは江戸幕府へ提出する記録においても記述され、文化九年（一八一二）完成の『寛政重修諸家譜』にも記載がみられる。江戸幕府・仙台藩ともに、それらの記事を閲覧・確認できたのは一部の人に限られたかもしれないが、記録され続けることでその情報は後世へと受け継がれることとなった。

寛文十年（一六七〇）七月には支倉常頼の子の丹助（常信）に宛てて知行宛行状（「支倉家資料」）が発給され、支倉六右衛門家の再興が許された。改易前の約一〇分の一の知行高（五貫一六七文）ではあったが、黒川郡大谷川内村（宮城県大郷町川内）に所領を与えられ、仙台藩士支倉六右衛門家の歴史が再び始まったのである。現在確認される同家に関わる家譜・系図類もまた、すべてこの時期以降のものであり、前述のとおり、それ以前には明確に伝承されてこなかったであろう事柄が家譜・系図類に表されていくことにもなった。どのような経緯と情報をもとに新しい系譜が具現化されてくるのかは現時点では判然とし

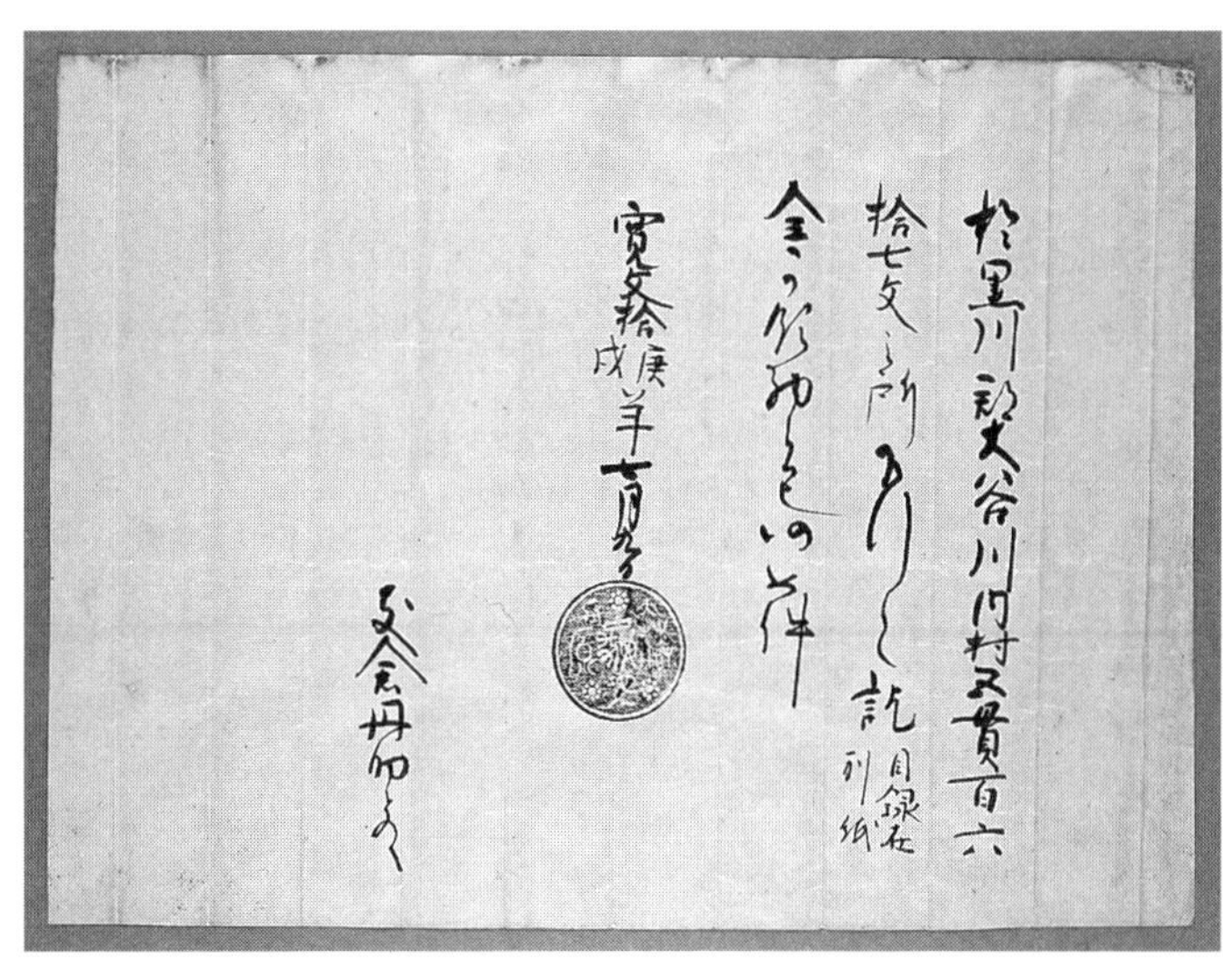

図39　支倉丹助宛て伊達綱基（綱村）知行宛行黒印状（寛文10年7月9日付，仙台市博物館所蔵，仙台市博物館編2013）

ないが、そうした歴史の虚実の再生産は、支倉六右衛門家が再出発したことの証しでもある。

大使支倉が持ち帰った品々も記録された。安永三年（一七七四）七月二十三日、仙台藩重臣の高野倫兼らは、「支倉六右衛門持参之品」が「風入」（虫干し）のために広げられた際、それらを実見して絵入りで書き留めている（『高野家記録』同年月日条）。寛政元年（一七八九）にまとめられた仙台藩主伊達家の蔵刀目録である『剣槍秘録』には、「支倉六右衛門」によって政宗に献上された二種の「南蛮剣」が記録された。国宝「慶長遺欧使節関係資料」のうち、短剣二口がそれにあたる。文化九年には、大槻玄沢が藩命により「吉利支丹所といふ御役所」に納められていた「支倉六右衛門南蛮将来の諸道具」を調査し、やはり絵入りで詳細な記録を残している（『金城秘韞　下』）。国宝「慶長遣欧使節関係資料」の多くが、これらの史料によって江戸時代後期には存在していたことを確かめられるとともに、慶長遣欧使節の歴史とその関係の遺品が仙台藩によって守り伝えられていたこともわかる。

明治時代になると、慶長遣欧使節の存在は近代化を図る新政府の動きのなかで脚光を浴びることになった。右大臣岩倉具視（いわくらともみ）を大使とする遣米欧使節団（岩倉使節団）がヨーロッパ歴訪中の明治六年（一八七三）五月、岩倉らがヴェネツィア国立文書館に所蔵される二通のソテロ・支倉連署書翰（一六一六年一月六日付け・同年二月二十四日付け）を同館館長からみせられ、支倉本人の直筆署名を模写させている（久米邦武編『特命全権大使　米欧回覧実記』第四編第七八巻）。この一件によって慶長遣欧使節の存在が再認識され始めると、明治九年六月には東北巡幸中の明治天皇が仙台博覧会場に出陳中であった「支倉六右衛門の画像」「天主教の数珠」「十字架の銅像」などを観覧し、その様子を『東京日日新聞』が紹介したことによって全国的にも注目されていくことになった。その意味で、ヴェネツィア国立文書館の二通の書翰は、慶長遣欧使節の存在を日本史上の表舞台へと浮上させた記念すべき書状であるといえよう。

その後も、慶長遣欧使節の事跡や大使支倉に関係する遺品には大きな関心が払われた。調査・研究も盛んに進められ、文章のみならず絵画や写真など様々なかたちで表現され、記録された。現在私たちが彼らの歴史を知り得るのは、江戸時代（一七〜一九世紀）を通じて国内外で行われた記録化の営みと、明治時代以降に本格的に始まる調査・研究の営み、そこに注がれた多くの人々の努力の賜物なのである。

伊達政宗が夢見たもの——エピローグ

仙台藩から世界へ

東北の雄・伊達政宗が遠くヨーロッパの地まで外交使節を派遣したのは、仙台藩領内へのフランシスコ会伴天連(バテレン)衆の派遣とスペイン領メキシコなどとの直接貿易を実現するためであった。その実現のために政宗は、東南アジア貿易を視野に収めながら、スペイン国王やヌエバ・エスパーニャ副王と布教・貿易などに関する協定を結び、使節船を利用して仙台藩に定期的・安定的に布教と貿易の実をもたらそうとした。それはスペイン国王に宛てた政宗親書案・協定書案をはじめ、スペイン・ローマなどでの使節一行の交渉内容、それらに対する回答からも明らかである。その一方で政宗は、副王宛て親書案に明示されるように、スペイン国王らとの布教・貿易協定の交渉・締結を待たずして、メキシコから早期に布教と貿易の実を得ようともしていた。

伊達政宗を使節派遣に駆り立てた背景にあったのは、一六世紀前半からアジアと西日本を中心に花開く南蛮（なんばん）貿易や南蛮文化の世界、異国の重宝（海外の産物や珍しい奢侈品）という存在であった。その主要な舞台となったフィリピンやマカオ、モルッカをも念頭に置きつつ、仙台藩と海路が近いとされたメキシコに狙いを定め、使節船として建造された仙台藩の船を毎年派遣して「仙台藩―メキシコ―フィリピン・マカオ・モルッカ―仙台藩」と往来させて、伴天連衆と貿易品を領内にもたらす協定を結ぼうとしたのである。さらにスペイン船も積極的に受け入れることで、仙台藩領沿岸部の港町に新たな南蛮貿易の拠点を創出して異国の重宝を入手し、キリスト教をはじめとする西欧諸国の文物をも取り入れようとした。それは、徳川家康も目指した、東日本における新たな南蛮貿易構想でもあった。当然そこで利潤が得られれば、領国を富ませることもできる。そのためには、キリスト教の信仰・布教と貿易を一体的に考えるスペインと提携する必要があったのである。

政宗は、スペイン人のビスカイノやソテロらとの交流を通じて世界への認識を深め、こうしたスペインの方針についても実感するなかで、自らの南蛮貿易構想を具体的に練り上げていった。使節派遣の話を最初に持ち出したのがソテロなのか、あるいは政宗だったのかについては、内容の異なる史料が複数あって判然としないが、貿易の実を得たい政宗と日本司教の座を狙うソテロの利害が一致し、使節派遣へいたったことは確実であろう。

使節船サン・ファン・バウティスタ号の建造にあたっては、伊達家中から船奉行を定め、幕府の船手頭（ふなてがしら）であった向井忠勝（むかいただかつ）や西洋帆船の事情に詳しいビスカイノら一行の協力も得て実行に移されていた。さらに領内の有力なキリシタン家臣後藤寿庵（ごとうじゅあん）を使節派遣事業全般の担当者として登用し、正使ソテロを補佐する副使は二手に分けて支倉六右衛門ら三名の家臣を任命して、メキシコ・ヨーロッパへの外交使節の派遣へとこぎつけたのである。

しかし、使節が突きつけられた政治外交上の現実は厳しいものであった。日本国内におけるキリシタン迫害の状況やソテロの不誠実さ、貿易のみとされた使節派遣の目的、幕府の禁教方針の下で修道士派遣を要請する齟齬、メキシコ側の貿易上の不利益など、政宗の使節派遣にとって不利な情報がメキシコ・スペイン・ローマなどで渦巻いていたからである。そうした状況下でもキリスト教に関わる信仰・布教面については前向きな返答を得て、日本遣外管区長となったソテロは八名の修道士とともにフィリピンへ渡航する成果を得たが、貿易協定に関する外交交渉は十分に進展しなかったといってよい。ついに支倉は失意のうちに帰国し、頼みの綱のソテロも「南蛮より之御返事」とともに火中に消えた。

政宗は、使節派遣後に幕府の禁教令が強化されたことを把握しつつも、領内に禁教令を敷く気配をみせなかった。大坂の陣では後藤寿庵も従軍させている。転機は家康の死後、秀忠が名実ともに「日本皇帝」となってからであろう。秀忠のキリシタンに対する厳しい態度は、政宗の南蛮貿易構想を縮小させた。使節のフィリピン滞在中には使節船の売却を決断し、とりわけ協定の締結に見切りをつけたとも考えられ、さらに幕府からの疑念もあって、ついには大使支倉らの帰国直後に領内に禁教令を敷くにいたった。その一方で、「南蛮より之御返事」を受け取るため、幕府との折衝を続けながら、ソテロの帰国をギリギリまで模索していた様子もうかがえる。

幕府禁令と政宗使節

政宗による海外への使節派遣は、江戸幕府も了解していた一大事業であった。政宗も幕府による対スペイン外交に参画し、そこで重用されていたソテロを正使に迎え、使節船の建造や二度の日本出帆に際しては幕臣の向井忠勝の協力を得て、彼の家人・船頭らが同乗するなどしていたからである。

しかし、それにもかかわらず、なぜ政宗は幕府の禁教方針に反する外交使節を海外へと派遣したのであろうか。なぜ彼はそうした使節を派遣できたのであろうか。貿易は認めるがキリスト教は禁止するという江戸幕府の方針を政宗が知らなかったはずはない。

慶長遣欧使節という歴史事象を掘り下げていくと、真正面から切り込むか否かにかかわらず、この問題が必ず立ちはだかってくる。本文中でもみた江戸時代以来の南蛮征服説や明治時代以来の幕府転覆説（政宗陰謀説）が生み出された背景にも似たような事情がある。それ以外にも、政宗はキリスト教（フランシスコ会）に本気で思い入れがあった（高橋由貴彦一九八一）とか、政宗は親書の内容をソテロに任せてほとんど自由に書かせた（松田一九八七）とか、幕府は政宗の外交方針を黙認していた（田中二〇〇七、佐藤憲一二〇一二など）などともいわれてきており、さらに近年、平川新氏が布教特区説を提起した（平川二〇一〇・二〇一八a・b）。政宗は使節派遣前の慶長十八年（一六一三）三月下旬から翌月上旬にかけて、江戸藩邸に秀忠を迎え、駿府の家康のもとへと伺候しており、そこで使節派遣のことが話題に上り、家康と政宗の間には「キリスト教の布教は伊達領に限る」という合意が結ばれたと考えるのが自然だとする見方である。こうした合意を示す明確な史料はないが、平川氏による布教特区説の提起は、この論点の膠着状態を打開しようとする新たな試みであった。

難問ではあるが、ここで筆者なりの考えを述べておきたい。まずソテロ・支倉ら使節一行の外交交渉の過程を通覧する限り、「布教特区」のような事前の合意があったとは考えにくい。それというのは、使節は海外での外交交渉において幕府の禁教方針との整合性に苦慮し続け、それが交渉難航の要因にもなっているからである。もし家康と政宗の間に何らかの合意があったのならば、それこそ格好の外交カードとなったはずである。ところが実態はそうではない。何より復路においてソテロの言動が過激になっていったことは、両者の方針の齟齬に精算を図り、劣勢を挽回する一手であったと考えられ、これはこうした苦慮の裏返しでもあろう。その点では、両者に事前の協議があり、家康が知らないふりをして見逃したという意味での黙認であれば、これも成り立ち得ないことになる。

親書の内容をソテロの自由に任せたためとする見方も認めがたい。政宗書状は自筆が非常に多く、そのため研究者らから「筆まめ武将」とも評され、自身の書状にはかなりの配慮をみせていたこと、また政宗は政策面においても一つ一つ指示しなければ気が済まないほどのワンマン体質であったことが知られており（佐藤憲一二〇一二、菅野二〇一七など）、こうした政宗の人物像からして考えにくいと思われるのである。政宗はキリスト教に本気で思い入れがあったという見方についても、彼自身はキリスト教に寛容であったとは思うが、自らが改宗しないばかりか、幕府による禁教令が強化されるにつれ、布教容認という旗を少しずつ下ろす態度をみせており、その本気度には疑問符をつけざるを得ない。

ソテロによる苦心の論理

それでは、どのように理解すべきなのであろうか。ここで手がかりとなる史料が、メキシコでソテロが記した長文の覚書である。本文中でも述べたとおり、ソテロはこのなかで、キリスト教を禁止する家康の態度を大前提としながらも、政宗使節と使節船は幕府の承認を得て来ていること、この使節によってメキシコとの貿易関係が樹立されれば家康は禁教の態度を変える可能性があること、家康が諸領主の領内政治に干渉しないことは鍋島領や伊達領のキリスト教の様子などからも明らかであること、などと述べていた。スペイン政府を説得するため、貿易・布教・幕府（家康）・政宗という四者の関係をどう定立させ、使節派遣にあたって領内での布教を容認した政宗の判断をいかにして担保するのかという論理について、使節による初期の交渉過程で語られたほとんど唯一の史料でもある。

カトリックの信仰を重視するスペインの方針とは相容れない幕府の禁教方針の下で、どうやってその困難な扉をこじ開けるのか。この苦心の論理と以上の状況から浮かび上がってくるのは、幕府は政宗による使節船の建造や外交使節の派遣については承知していても、派遣する使節の外交方針までは知らなかったということではあるまいか。

これらの言説をソテロの自己弁護や単なる方便とみることも可能だが、必ずしもそうとばかりは言い切れない。家康が態度を変えることへの期待感についていえば、交渉・翻訳などでソテロも積極的に関わった幕府とビベロの外交交渉が想起される。家康はこの時、メキシコとの通商の可能性が大きく開かれたことを受けて、従来の態度を軟化させて宣教師らの保護を認める意思を示していたからである（ビベロ『日本見聞録』）。家康のこうした態度の揺らぎが、ソテロの期待感の背景にあったとみられるのである。さらに、ソテロはこの時幕府から大使に任命されながら、渡海できなかったことを海外の交渉過程でたびたび口にしていた。ソテロはその残映をずっと追いかけ、それが政宗協定書案にも影響していたのであろう。

大名たちの独自外交

キリスト教に対する佐賀藩鍋島氏の動向もまた、ある程度ソテロの述べるとおりであった。当時の藩主である鍋島勝茂(かつしげ)は、慶長十二年（一六〇七）からドミニコ会士を保護し、彼らに教会と修道院を建設する土地を提供していたことが知られるからである。当初嫌っていたイエズス会にもその後教会建設を認めたようであり、勝茂は広くキリシタンを保護する態度をとっていたのである。ところが慶長十八年八月、彼はドミニコ会士の追放を命じるにいたった。これについて当時の修道士は、鍋島氏がドミニコ会士に友誼を示しているという情報が長崎奉行の長谷川左兵衛(はせがわさひょうえ)（藤広(ふじひろ)）などから家康や秀忠の耳に入り、勝茂がその状況を察したか、あるいは直接厳命を受けたからだと記している（以上、北島一九八五）。勝茂は慶長十七年三月の幕府禁令によりイエズス会への取締りを開始したようだが（『一六一二年度イエズス会日本年報』）、それ以降もドミニコ会の保護を続け、それは政宗による使節派遣直前まで続いていたのである。

また鍋島勝茂は、これらの時期にルソン大司教とフィリピン総督との間で五通の書翰をやり取りしている。慶長十四年五月（一六〇九年六月）にルソン大司教でドミニコ会士のディエゴ・デ・ソリアから勝茂に宛てた書翰では、鍋島領内でドミニコ会士が厚遇されていることに感謝し、今後の相互の友好を望むと述べられている。慶長十七年五月（一六一二年六月）のフィリピン総督ファン・デ・シルバ書翰はスペイン国王名で発信され、ドミニコ会士の厚遇への謝意と末永い友好が述べられ、慶長十七年閏十月（一六一二年十二月）の勝茂からの返書もこれを受けてスペイン国王宛てとされ、「商船之便」によって得た書翰と贈り物への謝意、ドミニコ会士への厚遇と友好の永続を述べたうえで金屏風を贈る内容となっている。慶長十八年六月のシルバ書翰でもスペイン国王が友好の永続と「互市獲利」を望んでいるとあり、勝茂も慶長十八年十月の返書で友好を謳っているのである（村上訳註一九二九b）。

　以上の点を踏まえて平川氏も前掲の論考で指摘するように、この時期の幕府は、慶長九年からの朱印船制度によって貿易の管理に乗り出してはいたが、いまだ貿易権・外交権の全面的な掌握にはいたっておらず、鍋島勝茂や伊達政宗のように独自外交を展開することが可能な段階にあった。そして同じ西国大名であっても薩摩の島津氏、肥後の加藤氏、長州の毛利氏のように、慶長十七年三月の幕府禁令に応じてキリスト教の取締りを強化した大名もいたなかで、勝茂と政宗は禁令や取締りを容易には実行しなかったとも指摘している（ただし勝茂はイエズス会への取締りは行っている）。また近年のキリシタン史研究でも述べられているとおり、家康・秀忠の時期は、全国的な取締りを念頭にキリシタン禁制という大方針が打ち出され、幕府の禁教政策も進められていたが、それへの対応は各大名・領主の態度やキリシタンの浸透度などによって差異があり、取締りへの意識や貫徹の度合いはいわばまだら状であった（清水紘一 二〇〇三、大橋二〇一七など）。奥羽におけるキリシタン取締りの状況もまた、本格化するのは寛永年間（三代将軍家光期）に入ってからで、東日本は西日本に比べると信徒数が少なかったためか、それ以前の対応は比較的緩やかであったと考えられる（村井二〇一三など）。

このようにみてくると、政宗による使節派遣の段階では、いまだ各大名は独自外交ができ、各大名領でのキリシタン取締りにも徹底さが求められるような政治的状況にはなかったのである（その意味で、幕府の禁教方針に反する使節＝幕府転覆〈政宗の陰謀〉という理解は、やはり短絡的に過ぎるといわざるを得ない）。ソテロが長文の覚書のなかで、キリシタンの取締りが日本の隅々にまで行き渡っているわけではないことを示唆しているのは、当時の実態の一面を言い当てているようにも思われる。政宗はこうした状況をふまえて領内での布教を容認し、スペインの外交方針を受け容れる判断をくだしたのではなかったか。鍋島領ではいまだドミニコ会士が保護されているといった情報も、イバニェスやソテロらを通じて政宗の耳に入っていたであろう。もし政宗の外交方針が事前に家康や秀忠の耳に入っていたとしたら、使節派遣すらおぼつかなくなる。鍋島勝茂が禁教方針へと転じた理由がそれを推測させよう。のちに家康・秀忠が政宗の使節派遣を気に食わないといい、かえって政宗の「天下への反逆」を疑ったとされるのは、政宗の使節派遣後にその外交方針を知ったからだろうと思われる。

この点でもう一人、勝茂や政宗と似た動きを示した人物がいた。それは、幕府と政宗をつなぐ向井忠勝である。彼は禁教後もソテロにイギリス使節の情報を書き知らせるなど、家康周辺の外交情報を提供し（一六一四年十月一日付けスペイン国王宛てソテロ書翰）、ソテロを尊敬していると述べて自らの子どもを託して受洗させ、二度目の使節船出帆にあたってはメキシコでの商取引を念頭にフランシスコ会士を出牢させるなど（『ディエゴ・デ・サン・フランシスコ報告書』第八章）、ソテロと深く親交を結び、禁教下において信仰と貿易の間を巧みに往き来しているからである。

伊達政宗の国際外交

それでは、政宗が当初目指した国際外交とは何だったのか。以上すべての考察から知り得るのは、政宗がとった外交方針とその実現のための手段が、当然といえば当然であるが、交渉相手の意向に沿い、最も成就する可能性が高い現実的なやり方で進められていたということである。禁教下にはあるが、提携すべきスペインの外交方針には大筋で沿う。その判断には、仙台城におけるビスカイノとソテロとの会談が大きな意味をもったであろう。幕府によるメキシコ貿易の可能性が最も開かれたビベロとの交渉が参考にされ、キリシタン取締りをめぐる前述の状況判断の末、スペインの外交方針に従う政治決断をくだしたものと思われる。その熱意と野心、言動によって内外から批判を浴びる人物でありながらも、江戸幕府の対スペイン外交において重きをなし、海外情勢やキリスト教界の事情に詳しいソテロと手を結んだこともまた、ある意味では政宗の現実的な対応の一つであったといえよう。また、状況の変化や交渉の進み具合に柔軟に対応できるよう使節出立以前には政宗親書の原本を多く作成しなかった可能性も高く、これらもある意味では現実を見据えた対応の一つとなろう。

さらにもう一つ注目される政宗の現実的な対応は、スペイン国王らとの布教・貿易協定の成立いかんにかかわらず、使節船の渡海に乗じてメキシコの伴天連衆と貿易品を使節船で伊達領へと渡海させ、南蛮貿易の早期実現を図ろうとしていたことである。そして実際に二度の使節船の派遣にあたって商品を船載して貿易が成立する手立てを講じ、フィリピンへの迎船の派遣においても商品の売買を企図して、少なくとも計三度、南蛮貿易を敢行した。つまり政宗は、機会が許せばその度ごとに南蛮貿易を行ってしまおうと考えていたのである。政宗にとってみれば、まずは海外へと船を出し貿易を行うことが大事だったのであり、その先に布教・貿易協定の締結を見据えるという二段構えの戦略だったともいえよう。自らの家臣（副使）をメキシコ・ヨーロッパの二手に分けて派遣したのはその裏返しである。これこそが伊達政宗の南蛮貿易構想の内実であり、そこには彼がこの国際外交にかけた期待とそのしたたかさが表れている。

これまでの研究では、政宗の二段構えの目論みが明確には位置付けられず、なかば見過ごされてきた。そのため使節の目的は「仙台藩領内へのフランシスコ会修道士の派遣とメキシコなどとの直接貿易の実現」と広く捉えられ、ほとんどの研究がその外交交渉の不成立や使節船の売却、支倉の失意の帰国、ソテロの死などによって政宗の夢は潰え、慶長遣欧使節は失敗に終わったとみなしてきた。筆者もまたそのように考えてきた。しかしそれは正確ではない。前述のとおり政宗の外交戦略は、使節出立以前から二段構えであったことが史料上明らかである。このような政宗の目論みのもとで使節の足跡を捉え直すと、従来の一般的なイメージとはまた違った評価が可能なのではあるまいか。当初掲げたスペイン国王らとの布教・貿易協定は十全には成就させられなかったが、その傍らで南蛮貿易は当初の思惑どおりに度々敢行できたのである。貿易に主眼のあった政宗からいわせれば、慶長遣欧使節の派遣は必ずしも失敗に終わったわけではなく成功した部分もあったのだ、ということだったのかもしれない。

いまだ不安定な社会状況のなかで、他の大名らとは異なり、本格的な外交使節をメキシコ・ヨーロッパへと送り出した伊達政宗。協定締結をめぐる外交交渉の成果は満足のいく内容にいたらなかったものの、海外で堂々とふるまい、東西交流の架け橋となってしっかりと名を残し、七年間にわたる難局を乗り越えて日本へと戻ってきた大使支倉六右衛門。彼らは四〇〇年前の東西交流の歴史をあぶり出す貴重な歴史史料をも遺した。その足跡は国際都市仙台の原点を形づくり、今もなお国内外における様々な文化交流の架け橋となっている。さらに苦難の旅を乗り越えた使節らの姿からは、東日本大震災をはじめ、その後も打ち続く多くの災害といった困難を乗り越える強い覚悟と勇気を得ることもできるのではなかろうか。それは「被災地の希望の光」ともなり得るであろう。

プロローグでも述べたように、使節出帆四〇〇年にあたり、ユネスコ記憶遺産（「世界の記憶」）にスペインと日本（仙台）の関係史料が登録された平成二十五年（二〇一三）以降、慶長遣欧使節には再び光が当たり始めた。そしてその後様々な記念イヤーが続いた。さらに、今年は大使支倉の没後四〇〇年とも捉え得る年である。こうした流れを一過性のものとせず、しっかりとした研究と検証を重ね、その足跡を次代へと引き継ぐ責務が我々にはあるように思われる。フランシスコ会による日本布教の管理系統移行問題など、本書では十分に言及できなかった事象もあり、慶長遣欧使節をめぐる謎もまたいまだ残されている。伊達政宗と使節の足跡を探る旅は、終わりを迎えることはないのである。

あとがき

ソテロもソテロなら、政宗も政宗である。いや、二人だけではない。この使節派遣に関わった多くの人間がお互いの腹を探り合い、水面下ではむき出しの感情や欲望をぶつけ合っている。慶長遣欧使節とは、そうした政治的な駆け引きの群像劇でもある。関連史料の語りに耳を傾け、そこに繰り広げられた人間模様と、多くを語らぬ伊達政宗の考えを私なりに整理してどうにか本書をまとめ終わった今、改めてそんな感想を抱いた。

研究の世界に足を踏み入れた当初、まさかこのような書物を書くことになろうとは夢にも思わなかった。大学時代は日本中世史の小林清治先生や大石直正先生に教えを受け、大学院時代は主指導教官が日本中世史の入間田宣夫先生、副指導教官が日本近世史の平川新先生という恵まれた環境のなかで、中世東北地方の寺社や霊場を専ら研究してきた私にとって、慶長遣欧使節とはほとんど接点がなかったからである。

平成十七年（二〇〇五）七月、仙台市博物館市史編さん室（現学芸普及室）で非常勤職員

として勤務することになり、ここで私は『仙台市史　特別編八・慶長遣欧使節』の編集実務などを担当することになった。これが慶長遣欧使節との本格的な出会いであった。「支倉常長が主命を果たそうと海外へ行った」ぐらいのことはさすがに知っていたものの、具体的な内容はほとんど知らないに等しい状態だった。初勤務から三日後に参加した慶長遣欧使節部会の会議で、「アマーティーの著書に関するソテロの草稿が……」とか、「あの文書はシマンカス文書館にありまして……」などという会話が飛び交っていたことを覚えているが、まったくついていけなかった記憶しかない。まだ最初だから仕方ないと自分を慰めたが、「アマとかシマとかって何⁉」というのが、その時の率直な感想であった。

それから約五年後、同書は公刊の日を迎えた。慶長遣欧使節部会は私が勤務し始めるずっと前から立ち上がっているから、私は同書の最後の仕上げに関わったことになる。その間、門前の小僧、勧学院の雀という状態から始まり、少しずつ学びを重ね、必死に食らいついた。慶長遣欧使節とは、様々な人々の思惑が交差するうえに意外と謎が多い、複雑な歴史事象だということもおぼろげながらわかってきた。濱田直嗣部会長をはじめ、この時に関わったすべての先生方に導かれながら何とか仕事も進めることができ、現在にいたる基礎知識が形づくられたように思う。この時に関わった先生方には、その後も大変お世話になっている。

仙台市博物館のスタッフにも陰に陽に支えられた。市史編さん室の在籍時には、慶長遣欧使節はもとより仙台藩に関わる基礎知識、自治体史編さんの進め方、そして社会人としての心得まで、本当にいろいろな事柄を教えてもらった。もちろん『仙台市史』の編集実務にあたっても、さまざまな業務・作業についてたくさんフォローしてもらった。その後、同館でたまたま学芸員（正規職員）の募集がかかり、どうにか筆記試験と面接試験をパスして採用されることになった私は、『仙台市史　特別編八・慶長遣欧使節』の公刊と時を同じくして学芸室（現学芸企画室）に在籍することになった。ここでも多くのことを教えられ支えてもらっているが、なんといっても展覧会の開催に関わる部分が特に思い出深い。

学芸員一年目で担当した特別展「ポンペイ展」のさなか、東日本大震災に見舞われた。本震や余震、放射能への対応などに追われ、すったもんだがありながらも再開にいたった。平成二十五年の慶長遣欧使節出帆四〇〇年記念特別展では、調査と出品交渉のための海外出張が実に貴重な経験であった。高橋あけみ学芸員（現副館長）と珍道中（？）を繰り広げながら、関連する作品や史跡を訪ね歩いた。結局この展覧会では、八ヵ所・二〇件の海外作品を含む多くの資料を展示でき、どうにか華々しく開幕を迎えることができた。

平成二十九年の伊達政宗生誕四五〇年記念特別展もそうだったが、慶長遣欧使節や伊達政宗に関わる大規模な自主企画特別展を担当できたのは、私にとって非常に大きな出来事であった。実物史料と格闘を続けながら、博物館の全スタッフの協力とすべての関係者との調整を経て、知識と経験がどんどん更新されていく。そのように開催された展覧会での成果が、本書にも大いに生かされている。

さらに、参考文献欄にお名前のある方をはじめ、今なおお世話になっている研究者の方々も大勢おられる。ここまで述べてきた皆さんとの関わりがなければ、今の私はいなかった。研究上では私と意見を異にする先生方・研究者の方々もおられるが、以上のすべての皆さんに改めて感謝申し上げたい。

私の妻や娘、実家の両親、義理の両親にも感謝の気持ちを伝えたい。ここにいたるまで長い目で温かく見守ってくれたことには、どれほど感謝してもしきれない。家族の支えがなければ、こうした研究生活を送ってくることはできなかったと思う。本当にありがとう。

最後に、本書執筆の機会を与えてくれた吉川弘文館の永田伸氏、編集担当の大熊啓太氏にも、この場を借りて感謝申し上げたい。

二〇二一年五月

佐々木　徹

参考文献

伊勢斎助編『伊達政宗欧南遣使考全書（全集）』（裳華房、一九二八年）

石鍋真澄「支倉常長の肖像画」（仙台市史編さん委員会編『仙台市史　特別編八・慶長遣欧使節』仙台市、二〇一〇年）

石巻市史編さん委員会編『石巻の歴史　第九巻・資料編三（近世編）』（石巻市、一九九〇年）

石巻市史編さん委員会編『石巻の歴史　第一巻・通史編（上）』（石巻市、一九九六年）

内山淳一「銅版画による支倉常長画像について」（前掲『仙台市史　慶長遣欧使節』二〇一〇年）

内山淳一・高橋あけみ「国宝『慶長遣欧使節関係資料』—内容と特色—」（前掲『仙台市史　慶長遣欧使節』二〇一〇年）

浦川和三郎『切支丹の復活　前篇』（日本カトリック刊行会、一九二七年）

浦川和三郎『東北キリシタン史』（日本学術振興会、一九五七年）

浦川和三郎訳「ディエゴ・デ・サン・フランシスコの報告書」（『キリシタン研究』四、一九五七年）

蝦名裕一「慶長大津波と震災復興」（『季刊　東北学』二九、二〇一一年）

蝦名裕一『慶長奥州地震津波と復興　四〇〇年前にも大地震と大津波があった』（蕃山房、二〇一四年）

遠藤光行『「つきのうら」の真実—サン・ファン・バウティスタ号の出帆地・造船地を探索する—』（蕃山房、二〇二〇年ａ）

遠藤光行「出帆地『つきのうら』の再考を提唱する」(『仙台郷土研究』三〇一、二〇二〇年b)

大泉光一『慶長遣欧使節の研究—支倉六右衛門使節一行を巡る若干の問題について—』(文眞堂、一九九四年)

大泉光一『支倉六右衛門常長—慶長遣欧使節を巡る学際的研究—』(文眞堂、一九九八年)

大泉光一『支倉六右衛門常長「慶長遣欧使節」研究史料集成 第一巻』(雄山閣、二〇一〇年)

大泉光一『支倉六右衛門常長「慶長遣欧使節」研究史料集成 第二巻』(雄山閣、二〇一三年)

大泉光一『政宗の陰謀—支倉常長使節、ヨーロッパ渡航の真相—』(大空出版、二〇一六年)

大泉光一『支倉六右衛門常長「慶長遣欧使節」研究史料集成 第三巻』(雄山閣、二〇一七年a)

大泉光一『暴かれた伊達政宗「幕府転覆計画」—ヴァティカン機密文書館史料による結論—』(文藝春秋、二〇一七年b)

大澤慶尋「苦難の旅の予感—常長一行のメキシコ行—」(慶長遣欧使節船協会編『慶長使節四〇〇年記念誌 航』一二、慶長遣欧使節船協会、二〇一三年)

大澤慶尋「慶長遣欧使節と支倉常長—後藤寿庵の役割を含めて—」(後藤寿庵顕彰会主催講演会レジュメ、二〇一五年)

太田尚樹『支倉常長遣欧使節 もうひとつの遺産—その旅路と日本姓スペイン人たち—』(山川出版社、二〇一三年)

大槻茂雄編『磐水存響 乾』(一九一四年、思文閣出版・一九九一年復刻)

大槻文彦『伊達政宗南蛮通信事略』(増補再版、図南講、一九〇八年)

大橋幸泰『潜伏キリシタン―江戸時代の禁教政策と民衆―』（講談社、二〇一四年）
大橋幸泰「家康・秀忠とキリスト教」（五野井隆史監修『キリシタン大名―布教・政策・信仰の実相―』宮帯出版社、二〇一七年）
岡美穂子『商人と宣教師―南蛮貿易の世界―』（東京大学出版会、二〇一〇年）
岡美穂子「キリシタンと統一政権」（藤井讓治ほか編『岩波講座日本歴史　第一〇巻　近世一』岩波書店、二〇一四年）
小川　仁『シピオーネ・アマーティ研究―慶長遣欧使節とバロック期西欧の日本像―』（臨川書店、二〇一九年）
小川　雄「岡本大八事件試論」（同『徳川権力と海上軍事』岩田書院、二〇一六年、初出二〇一二年）
小川　雄「慶長年間の浦賀貿易の実態」（同前書、初出二〇一三年）
小倉　博「南蛮遣使の目的は蛮国攻略に在るといふ説―仙台に於ける切支丹宗関係抹消運動―」（『仙台郷土研究』八―二、一九三八年）
片岡弥吉『長崎の殉教者』（角川書店、一九七〇年、初出一九五七年）
河北新報社編著『潮路はるかに―慶長遣欧使節出帆四〇〇年―』（竹書房、二〇一四年）
菅野正道『せんだい歴史の窓』（河北新報出版センター、二〇一一年）
菅野正道「東日本大震災後における仙台市博物館の活動を通して」（『国史談話会雑誌』五三、二〇一三年a）
菅野正道「慶長地震の評価をめぐって」（『市史せんだい』二三、二〇一三年b）

菅野正道「伊達政宗のエピソードと人物像」「伊達政宗の領国統治」（仙台市博物館編『特別展図録　伊達政宗―生誕四五〇年記念』仙台市博物館、二〇一七年）
北島治慶『鍋島藩とキリシタン』（佐賀新聞社、一九八五年）
久米邦武編『特命全権大使米欧回覧実記　第四編』（博文社、一八七八年）
慶長遣欧使節船協会編『慶長使節船ミュージアム　サン・ファン・バウティスタパーク』（慶長遣欧使節船協会、二〇〇五年）
慶長遣欧使節船協会編『慶長使節四〇〇年記念誌　航』一〜五（慶長遣欧使節船協会、二〇一三〜一五年）
慶長遣欧使節船協会編『復元船サン・ファン・バウティスタ号大図鑑』（河北新報出版センター、二〇一九年）
小井川百合子編『伊達政宗言行録―木村宇右衛門覚書』（新人物往来社、一九九七年）
国書刊行会編『史籍雑纂　第二』（続群書類従完成会、一九七四年）
国立歴史民俗博物館編『企画展図録　歴史にみる震災』（国立歴史民俗博物館、二〇一四年）
五野井隆史『日本キリシタン史の研究』（吉川弘文館、二〇〇二年）
五野井隆史『支倉常長』（吉川弘文館、二〇〇三年）
五野井隆史「慶長遣欧使節とルイス・ソテロ」（『聖トマス大学キリスト教文化研究所紀要』二六―一、二〇一一年）
五野井隆史監修『キリシタン大名―布教・政策・信仰の実相―』（宮帯出版社、二〇一七年）
五野井隆史監修『潜伏キリシタン図譜』（潜伏キリシタン図譜プロジェクト実行委員会、二〇二一年）

小林清治『伊達政宗』（吉川弘文館、一九五九年）
小林清治「常長と政宗」（支倉常長顕彰会編『支倉常長伝』支倉常長顕彰会、一九七五年）
小林清治「悲運の人、支倉六右衛門」（小林清治ほか編『伊達政宗　文化とその遺産』里文出版、一九八七年）
小山眞由美「花鳥葡萄蒔絵螺鈿洋櫃（慶長遣欧使節の遺品）―ヴァチカン蔵ボルゲーゼ関係文書による考証―」（『國華』一四一五、二〇一三年）
佐賀県立名護屋城博物館編『特別企画展図録　肥前名護屋―幻の巨大都市―』（佐賀県立名護屋城博物館、二〇一八年）
佐々木和博「宮城県大和町西風所在の五輪塔―支倉常成・常長との関わりの可能性―」（『仙台市博物館調査研究報告』一三、一九九三年）
佐々木和博『慶長遣欧使節の考古学的研究』（六一書房、二〇一三年）
佐々木和博「国宝『慶長遣欧使節関係資料』木製鞍・鉄製鐙再論―文禄の役との関わりを探る―」（『東北学院大学東北文化研究所紀要』五〇、二〇一八年）
佐々木徹「伊達政宗と慶長遣欧使節―大洋の向こうに見た夢―」（仙台市博物館編『特別展図録　伊達政宗の夢―慶長遣欧使節と南蛮文化』仙台市博物館、二〇一三年）
佐々木徹「慶長遣欧使節をめぐる諸問題―大使支倉の名乗りと『震災復興派遣説』について―」（『仙台市博物館調査研究報告』三四、二〇一四年）
佐々木徹「慶長遣欧使節」（高橋充編『東北の中世史五　東北近世の胎動』吉川弘文館、二〇一六年）
佐々木徹「後藤寿庵」（前掲『キリシタン大名』二〇一七年）

佐々木徹『仙台・江戸学叢書六〇 伊達政宗と慶長遣欧使節』（大崎八幡宮、二〇一九年）
佐々久監修・相原陽三編著『仙台藩家臣録 第一巻～第五巻』（歴史図書社、一九七八～七九年）
佐藤宗岳『支倉六右衛門常長の墓について』（私家版、一九五七年、宮城県大郷町教育委員会・二〇一四年再版）
佐藤仲雄『慶長遣使考—支倉常長遣欧前後—』（第一法規出版、一九八四年）
佐藤憲一「『支倉常長追放文書』の年代について」（『仙台市博物館調査研究報告』八、一九八八年）
佐藤憲一「大使、支倉常長について」（前掲『仙台市史 慶長遣欧使節』二〇一〇年）
佐藤憲一『素顔の伊達政宗—「筆まめ」戦国大名の生き様—』（洋泉社、二〇一二年）
佐藤憲一・平川新「対談 政宗の親書に隠された謎」（前掲『航』五、二〇一五年）
佐藤円「ヴァージニア植民地に連れて来られた初めてのアフリカ人—近年の研究とそれに基づく新しい説明—」（『大妻比較文化』二一、二〇二〇年）
島森哲男「伊達政宗漢詩校釈」（『宮城教育大学紀要』四七、二〇一三年）
島森哲男『仙台・江戸学叢書三二 伊達政宗の漢詩』（大崎八幡宮、二〇一四年）
清水紘一『キリシタン禁制史』（教育社、一九八一年）
清水紘一「慶長十七年のキリシタン禁教令再考」（『中央大学文学部紀要（史学科）』四八、二〇〇三年）
清水有子『近世日本とルソン—「鎖国」形成史再考—』（東京堂出版、二〇一二年）
清水有子「近世日本のキリシタン禁制—地球的世界と国家・民衆—」（『歴史学研究』九二四、二〇一四年）
菅谷敬見・飯沼寅治「砂金家時代」（川崎町史編纂委員会編『川崎町史 通史編』宮城県川崎町、一九七

五年）
鈴木かほる『徳川家康のスペイン外交―向井将監と三浦按針―』（新人物往来社、二〇一〇年）
鈴木省三編『仙台叢書　第二巻』（仙台叢書刊行会、一九二三年）
須藤光興『検証・伊達の黒船―技術屋が解く歴史の謎―』（宝文堂、二〇〇二年）
関哲行ほか編『世界歴史大系　スペイン史一―古代〜近世―』（山川出版社、二〇〇八年）
関　弘明「謎の支倉常長」（大郷町史編纂委員会編『大郷町史』宮城県大郷町、一九八〇年）
仙台市史編さん委員会編『仙台市史　通史編三・近世一』（仙台市、二〇〇一年）
仙台市史編さん委員会編『仙台市史　資料編一一・伊達政宗文書二』（仙台市、二〇〇三年）
仙台市史編さん委員会編『仙台市史　特別編八・慶長遣欧使節』（仙台市、二〇一〇年）
仙台市博物館編『特別展図録　書にみる伊達政宗―その人と時代―』（仙台市博物館、一九九五年）
仙台市博物館編『特別展図録　伊達政宗の夢―慶長遣欧使節と南蛮文化』（仙台市博物館、二〇一三年）
仙台市博物館編『土と文字が語る仙台平野の災害の記憶―仙台平野の歴史地震と津波―（増補改訂版）』（仙台市博物館、二〇一四年）
仙台市博物館編『特別展図録　伊達政宗―生誕四五〇年記念』（仙台市博物館、二〇一七年）
続群書類従完成会編『新訂寛政重修諸家譜　第十二』（続群書類従完成会、一九六五年）
高橋あけみ「『秀頼様御祝言御呉服之帳』・『万渡方帳』・『御物之帳』について」（『仙台市博物館調査研究報告』二一、二〇〇一年）
高橋あけみ「慶長遣欧使節の贈答品などについて」（前掲『仙台市史　慶長遣欧使節』二〇一〇年）

高橋富雄「出帆まで」（支倉常長顕彰会編『支倉常長伝』支倉常長顕彰会、一九七五年）
高橋富雄『陸奥伊達一族』（吉川弘文館、二〇一八年、初出一九八七年）
高橋由貴彦『ローマへの遠い旅―慶長使節支倉常長の足跡―』（講談社、一九八一年）
高橋由貴彦「ローマ教皇宛伊達政宗書翰」（前掲『仙台市史　慶長遣欧使節』二〇一〇年）
只野　淳『みちのく切支丹』（富士クリエイティブハウス、一九七八年）
田中英道『支倉常長―武士、ローマを行進す―』（ミネルヴァ書房、二〇〇七年）
東京帝国大学編『大日本史料　第十二編之七』（東京帝国大学、一九〇五年）
東京帝国大学編『大日本史料　第十二編之九』（東京帝国大学、一九〇六年）
東京帝国大学編『大日本史料　第十二編之十二』（東京帝国大学文科大学史料編纂掛、一九〇九年）
東京大学史料編纂所編『大日本史料　第十二編之四十五』（東京大学出版会、一九七一年）
土佐　誠「月浦の満月　支倉常長出帆の夜」（前掲『航』二、二〇一三年）
日本図書センター編『東京日日新聞　一四』（日本図書センター、一九九四年）
日本美術刀剣保存協会宮城県支部『剣槍秘録』（一九八〇年）
支倉常長顕彰会編『支倉常長伝』（支倉常長顕彰会、一九七五年）
濱田直嗣「総説」（前掲『仙台市史　慶長遣欧使節』二〇一〇年a）
濱田直嗣「国宝『慶長遣欧使節関係資料』―伝来の経緯―」（同前、二〇一〇年b）
濱田直嗣「支倉家の信仰」（同前、二〇一〇年c）
濱田直嗣『政宗の夢　常長の現』（河北新報出版センター、二〇一二年）

濱田直嗣「慶長使節の出帆　寄せ来る波涛を乗りこえて」（前掲『航』一、二〇一三年）
濱田直嗣「サン・ファン・バウティスタ号に乗船した人々」（前掲『航』四、二〇一四年）
濱田直嗣「慶長使節の出帆　寄せ来る波涛を乗りこえて（加筆改訂）」（前掲『航』五、二〇一五年）
林屋永吉「メキシコに居残った日本人たち」（前掲『仙台市史　慶長遣欧使節』二〇一〇年）
原田智也ほか「一六一一年慶長三陸地震は二〇一一年東北地方太平洋沖地震と同様の超巨大地震だったか？」（日本地球惑星科学連合二〇一九年大会研究報告要旨、二〇一九年）
坂東省次・川成洋編『日本・スペイン交流史』（れんが書房新社、二〇一〇年）
坂東省次・椎名浩『日本とスペイン文化交流の歴史―南蛮・キリシタン時代から現代まで―』（原書房、二〇一五年）
平井希昌編『伊達政宗欧南遣使考』（博聞本社、一八七六年）
平川　新「慶長遣欧使節と徳川の外交」（前掲『仙台市史　慶長遣欧使節』二〇一〇年）
平川　新「慶長遣欧使節と世界のなかの日本」（同編『江戸時代の政治と地域社会　第二巻・地域社会と文化』清文堂出版、二〇一五年）
平川　新『戦国日本と大航海時代―秀吉・家康・政宗の外交戦略―』（中央公論新社、二〇一八年ａ）
平川　新「慶長遣欧使節の目的をスペインとの軍事同盟とする説について」（『市史せんだい』二八、二〇一八年ｂ）
平田隆一「アマーティ著『伊達政宗遣欧使節記』の成立と展開」（前掲『仙台市史　慶長遣欧使節』二〇一〇年）

フアン・ヒル著・平山篤子訳『イダルゴとサムライ―一六・一七世紀のイスパニアと日本―』（法政大学出版局、二〇〇〇年）

フーベルト・チースリク「後藤寿庵」（『奥羽史談』六―三・六―四・七―一、一九五六年）

フーベルト・チースリク「元和三年における奥州のキリシタン―三つの古文書とその解釈―」（『キリシタン研究』六、一九六一年）

フーベルト・チースリク編『北方探検記―元和年間に於ける外国人の蝦夷報告書―』（吉川弘文館、一九六二年）

藤木久志『日本中世気象災害史年表稿』（高志書院、二〇〇七年）

松田毅一『慶長遣欧使節―徳川家康と南蛮人―』（朝文社、一九九二年、初出一九八七年）

松田毅一『豊臣秀吉と南蛮人』（朝文社、一九九二年）

松田毅一監訳『十六・七世紀イエズス会日本報告集　第Ⅱ期第二巻』（同朋舎出版、一九九六年）

松田毅一監訳『十六・七世紀イエズス会日本報告集　第Ⅱ期第三巻』（同朋舎出版、一九九七年）

的場節子「フランシスコ会高位の厳修派司祭宛伊達政宗書状二通スペイン語訳」（『市史せんだい』二一、二〇一一年）

箕作元八「伊達政宗羅馬遣使の目的」（『史学界』三―一一、一九〇一年）

宮城県史編纂委員会編『宮城県史　一二・学問宗教』（宮城県史刊行会、一九六一年）

宮城県史編纂委員会編『宮城県史　二二・災害』（宮城県史刊行会、一九六二年）

宮崎賢太郎『カクレキリシタンの実像―日本人のキリスト教理解と受容―』（吉川弘文館、二〇一四年）

村井早苗『仙台・江戸学叢書四六　キリシタン禁制史における東国と西国—東国を中心に—』（大崎八幡宮、二〇一三年）
村井早苗「キリシタン史研究の成果と課題—近年の動向を中心に—」（『歴史学研究』九八三、二〇一九年）
村上直次郎訳註『異国叢書　ドン・ロドリゴ日本見聞録・ビスカイノ金銀島探検報告』（駿南社、一九二九年a）
村上直次郎訳註『異国叢書　異国往復書翰集・増訂異国日記抄』（駿南社、一九二九年b）
メルバ・ファルク・レジェス、エクトル・パラシオス著、服部綾乃・石川隆介訳『グアダラハラを征服した日本人—十七世紀のメキシコに生きたファン・デ・パエスの数奇なる生涯—』（現代企画室、二〇一〇年）
安高啓明『踏絵を踏んだキリシタン』（吉川弘文館、二〇一八年）
梁川町史編纂委員会編『梁川町史　第五巻　資料編Ⅱ・古代・中世』（梁川町、一九八五年）
山本訓三「サン・ファン・バウティスタの航路についての検証」（前掲『航』二、二〇一三年）
ヨゼフ・シュッテ「元和三年（一六一七年）に於ける日本キリシタンの主な集団とその民間指導者—全国六十九カ所からの貴重な文書—」（『キリシタン研究』四、一九五七年）
ロレンソ・ペレス著、野間一正訳『ベアト・ルイス・ソテーロ伝—慶長遣欧使節のいきさつ—』（東海大学出版会、一九六八年）
渡辺信夫監修『復刻　仙台領国絵図』（ユーメディア、二〇〇〇年）

著者紹介

一九七四年、青森県に生まれる
一九九六年、東北学院大学文学部史学科卒業
二〇〇四年、東北大学大学院国際文化研究科博士課程後期修了
現在、仙台市博物館学芸員、博士（国際文化）

〔主要著書・論文〕
『仙台・江戸学叢書六〇 伊達政宗と慶長遣欧使節』（大崎八幡宮、二〇一九年）
「戦国期奥羽の宗教と文化」（遠藤ゆり子編『東北の中世史四 伊達氏と戦国争乱』吉川弘文館、二〇一六年）
「特別展『伊達政宗—生誕四五〇年記念』ができるまで」（南奥羽戦国史研究会編『伊達政宗』岩田書院、二〇二〇年）

歴史文化ライブラリー
531

慶長遣欧使節
伊達政宗が夢見た国際外交

二〇二一年（令和三）九月一日　第一刷発行

著　者　佐々木(ささき)　徹(とおる)
発行者　吉川道郎
発行所　株式会社 吉川弘文館
東京都文京区本郷七丁目二番八号
郵便番号一一三—〇〇三三
電話〇三—三八一三—九一五一〈代表〉
振替口座〇〇一〇〇—五—二四四
http://www.yoshikawa-k.co.jp/
印刷＝株式会社 平文社
製本＝ナショナル製本協同組合
装幀＝清水良洋・高橋奈々

ISBN978-4-642-05931-2

歴史文化ライブラリー

1996. 10

刊行のことば

現今の日本および国際社会は、さまざまな面で大変動の時代を迎えておりますが、近づきつつある二十一世紀は人類史の到達点として、物質的な繁栄のみならず文化や自然・社会環境を謳歌できる平和な社会でなければなりません。しかしながら高度成長・技術革新にともなう急激な変貌は「自己本位な刹那主義」の風潮を生みだし、先人が築いてきた歴史や文化に学ぶ余裕もなく、いまだ明るい人類の将来が展望できていないようにも見えます。

このような状況を踏まえ、よりよい二十一世紀社会を築くために、人類誕生から現在に至る「人類の遺産・教訓」としてのあらゆる分野の歴史と文化を「歴史文化ライブラリー」として刊行することといたしました。

小社は、安政四年(一八五七)の創業以来、一貫して歴史学を中心とした専門出版社として書籍を刊行しつづけてまいりました。その経験を生かし、学問成果にもとづいた本叢書を刊行し社会的要請に応えて行きたいと考えております。

現代は、マスメディアが発達した高度情報化社会といわれますが、私どもはあくまでも活字を主体とした出版こそ、ものの本質を考える基礎と信じ、本叢書をとおして社会に訴えてまいりたいと思います。これから生まれでる一冊一冊が、それぞれの読者を知的冒険の旅へと誘い、希望に満ちた人類の未来を構築する糧となれば幸いです。

吉川弘文館

歴史文化ライブラリー

近世史

慶長遣欧使節 伊達政宗が夢見た国際外交 ―― 佐々木 徹
徳川忠長 兄家光の苦悩、将軍家の悲劇 ―― 小池 進
女と男の大奥 大奥法度を読み解く ―― 福田千鶴
細川忠利 ポスト戦国世代の国づくり ―― 稲葉継陽
家老の忠義 大名細川家存続の秘訣 ―― 林 千寿
明暦の大火 「都市改造」という神話 ―― 岩本 馨
江戸の政権交代と武家屋敷 ―― 岩本 馨
江戸の町奉行 ―― 南 和男
大名行列を解剖する 江戸の人材派遣 ―― 根岸茂夫
江戸大名の本家と分家 ―― 野口朋隆
〈甲賀忍者〉の実像 ―― 藤田和敏
江戸の武家名鑑 武鑑と出版競争 ―― 藤實久美子
江戸の出版統制 弾圧に翻弄された戯作者たち ―― 佐藤至子
武士という身分 城下町萩の大名家臣団 ―― 森下 徹
旗本・御家人の就職事情 ―― 山本英貴
武士の奉公 本音と建前 江戸時代の出世と処世術 ―― 高野信治
宮中のシェフ、鶴をさばく 江戸時代の朝廷と庖丁道 ―― 西村慎太郎
犬と鷹の江戸時代 〈犬公方〉綱吉と〈鷹将軍〉吉宗 ―― 根崎光男
紀州藩主 徳川吉宗 明君伝説・宝永地震・隠密御用 ―― 藤本清二郎
近世の巨大地震 ―― 矢田俊文
外来植物が変えた江戸時代 里湖・里海の資源と都市消費 ―― 佐野静代
死者のはたらきと江戸時代 遺訓・家訓・辞世 ―― 深谷克己
闘いを記憶する百姓たち 江戸時代の裁判学習帳 ―― 八鍬友広
江戸時代の瀬戸内海交通 ―― 倉地克直
江戸のパスポート 旅の不安はどう解消されたか ―― 柴田 純
江戸の捨て子たち その肖像 ―― 沢山美果子
江戸の乳と子ども いのちをつなぐ ―― 沢山美果子
江戸時代の医師修業 学問・学統・遊学 ―― 海原 亮
江戸幕府の日本地図 国絵図・城絵図・日本図 ―― 川村博忠
踏絵を踏んだキリシタン ―― 安高啓明
墓石が語る江戸時代 大名・庶民の墓事情 ―― 関根達人
石に刻まれた江戸時代 無縁・遊女・北前船 ―― 関根達人
近世の仏教 華ひらく思想と文化 ―― 末木文美士
松陰の本棚 幕末志士たちの読書ネットワーク ―― 桐原健真
龍馬暗殺 ―― 桐野作人
日本の開国と多摩 生糸・農兵・武州一揆 ―― 藤田 覚
幕末の世直し 万人の戦争状態 ―― 須田 努

歴史文化ライブラリー

歴史文化ライブラリー

文化史・誌

歴史文化ライブラリー

戒名のはなし——藤井正雄
墓と葬送のゆくえ——森　謙二
運　慶　その人と芸術——副島弘道
ほとけを造った人びと　止利仏師から運慶・快慶まで——根立研介
祇園祭　祝祭の京都——川嶋將生
洛中洛外図屛風　つくられた〈京都〉を読み解く——小島道裕
化粧の日本史　美意識の移りかわり——山村博美
乱舞の中世　白拍子・乱拍子・猿楽——沖本幸子
神社の本殿　建築にみる神の空間——三浦正幸
古建築を復元する　過去と現在の架け橋——海野　聡
大工道具の文明史　日本・中国・ヨーロッパの建築技術——渡邉　晶
苗字と名前の歴史——坂田　聡
日本人の姓・苗字・名前　人名に刻まれた歴史——大藤　修
大相撲行司の世界——根間弘海
日本料理の歴史——熊倉功夫
日本の味　醤油の歴史——林　玲子　天野雅敏　編
中世の喫茶文化　儀礼の茶から「茶の湯」へ——橋本素子
香道の文化史——本間洋子
天皇の音楽史　古代・中世の帝王学——豊永聡美
流行歌の誕生　「カチューシャの唄」とその時代——永嶺重敏
話し言葉の日本史——野村剛史
柳宗悦と民藝の現在——松井　健
たたら製鉄の歴史——角田徳幸
金属が語る日本史　銭貨・日本刀・鉄炮——齋藤　努
書物と権力　中世文化の政治学——前田雅之
災害復興の日本史——安田政彦

民俗学・人類学

日本人の誕生　人類はるかなる旅——埴原和郎
倭人への道　人骨の謎を追って——中橋孝博
役行者と修験道の歴史——宮家　準
幽霊　近世都市が生み出した化物——髙岡弘幸
雑穀を旅する——増田昭子
川は誰のものか　人と環境の民俗学——菅　豊
名づけの民俗学　地名・人名はどう命名されてきたか——田中宣一
記憶すること・記録すること　聞き書き論ノート——香月洋一郎
柳田国男　その生涯と思想——川田　稔

世界史

神々と人間のエジプト神話　魔法・冒険・復讐の物語——大城道則

歴史文化ライブラリー

歴史文化ライブラリー

よみがえる古代山城 国際戦争と防衛ライン―向井一雄
よみがえる古代の港 古地形を復元する―石村　智
古代豪族と武士の誕生―森　公章
飛鳥の宮と藤原京 よみがえる古代王宮―林部　均
出雲国誕生―大橋泰夫
古代出雲―前田晴人
古代の皇位継承 天武系皇統は実在したか―遠山美都男
古代天皇家の婚姻戦略―荒木敏夫
壬申の乱を読み解く―早川万年
戸籍が語る古代の家族―今津勝紀
地方官人たちの古代史 律令国家を支えた人びと―中村順昭
古代の都はどうつくられたか 中国・日本・朝鮮・渤海―吉田　歓
平城京に暮らす 天平びとの泣き笑い―馬場　基
平城京の住宅事情 貴族はどこに住んだのか―近江俊秀
すべての道は平城京へ 古代国家の〈支配の道〉―市　大樹
都はなぜ移るのか 遷都の古代史―仁藤敦史
聖武天皇が造った都 難波宮・恭仁宮・紫香楽宮―小笠原好彦
天皇側近たちの奈良時代―十川陽一
藤原仲麻呂と道鏡 ゆらぐ奈良朝の政治体制―鷺森浩幸
遣唐使の見た中国―古瀬奈津子
古代の女性官僚 女官の出世・結婚・引退―伊集院葉子
〈謀反〉の古代史 平安朝の政治改革―春名宏昭
平安朝 女性のライフサイクル―服藤早苗
平安貴族の住まい 寝殿造から読み直す日本住宅史―藤田勝也
平安京のニオイ―安田政彦
平安京の災害史 都市の危機と再生―北村優季
平安京はいらなかった 古代の夢を喰らう中世―桃崎有一郎
天神様の正体 菅原道真の生涯―森　公章
平将門の乱を読み解く―木村茂光
安倍晴明 陰陽師たちの平安時代―繁田信一
平安時代の死刑 なぜ避けられたのか―戸川　点
古代の神社と神職 神をまつる人びと―加瀬直弥
古代の食生活 食べる・働く・暮らす―吉野秋二
大地の古代史 土地の生命力を信じた人びと―三谷芳幸
時間の古代史 霊鬼の夜、秩序の昼―三宅和朗

中世史

列島を翔ける平安武士 九州・京都・東国―野口　実
源氏と坂東武士―野口　実

歴史文化ライブラリー

- 敗者たちの中世争乱 年号から読み解く——関 幸彦
- 平氏が語る源平争乱——永井 晋
- 熊谷直実 中世武士の生き方——高橋 修
- 中世武士 畠山重忠 秩父平氏の嫡流——清水 亮
- 頼朝と街道 鎌倉政権の東国支配——木村茂光
- 大道 鎌倉時代の幹線道路——岡 陽一郎
- 仏都鎌倉の一五〇年——今井雅晴
- 鎌倉北条氏の興亡——奥富敬之
- 三浦一族の中世——高橋秀樹
- 伊達一族の中世「独眼龍」以前——伊藤喜良
- 弓矢と刀剣 中世合戦の実像——近藤好和
- その後の東国武士団 源平合戦以後——関 幸彦
- 荒ぶるスサノヲ、七変化〈中世神話〉の世界——斎藤英喜
- 曽我物語の史実と虚構——坂井孝一
- 鎌倉浄土教の先駆者 法然——中井真孝
- 親 鸞——平松令三
- 親鸞と歎異抄——今井雅晴
- 畜生・餓鬼・地獄の中世仏教史 因果応報と悪道——生駒哲郎
- 神や仏に出会う時 中世びとの信仰と絆——大喜直彦
- 神仏と中世人 宗教をめぐるホンネとタテマエ——衣川 仁
- 神風の武士像 蒙古合戦の真実——関 幸彦
- 鎌倉幕府の滅亡——細川重男
- 足利尊氏と直義 京の夢、鎌倉の夢——峰岸純夫
- 高 師直 室町新秩序の創造者——亀田俊和
- 新田一族の中世「武家の棟梁」への道——田中大喜
- 皇位継承の中世史 血統をめぐる政治と内乱——佐伯智広
- 地獄を二度も見た天皇 光厳院——飯倉晴武
- 南朝の真実 忠臣という幻想——亀田俊和
- 中世の巨大地震——矢田俊文
- 大飢饉、室町社会を襲う！——清水克行
- 中世の富と権力 寄進する人びと——湯浅治久
- 中世は核家族だったのか 民衆の暮らしと生き方——西谷正浩
- 出雲の中世 地域と国家のはざま——佐伯徳哉
- 中世武士の城——齋藤慎一
- 戦国の城の一生 つくる・壊す・蘇る——竹井英文
- 徳川家康と武田氏 信玄・勝頼との十四年戦争——本多隆成
- 戦国大名毛利家の英才教育 元就・隆元・輝元と妻たち——五條小枝子
- 戦国大名の兵粮事情——久保健一郎